yǒu zhì zhě　　shì jìng chéng

有 志 者 ， 事 竟 成 ！

Nothing is impossible to a willing heart.

This Chinese workbook belongs to:

的

中文练习本

D1160401

1

qiān	lǐ	zhī	xíng		shǐ	yú	zú	xià	
千	里	之	行	，	始	于	足	下	。

A journey of a thousand miles begins with a single step.

you

nǐ

你	你	你	你	你					

fine
good

hǎo

好	好	好	好	好					

please

qǐng

请	请	请	请	请					

shǐ yú zú xià

始 于 足 下

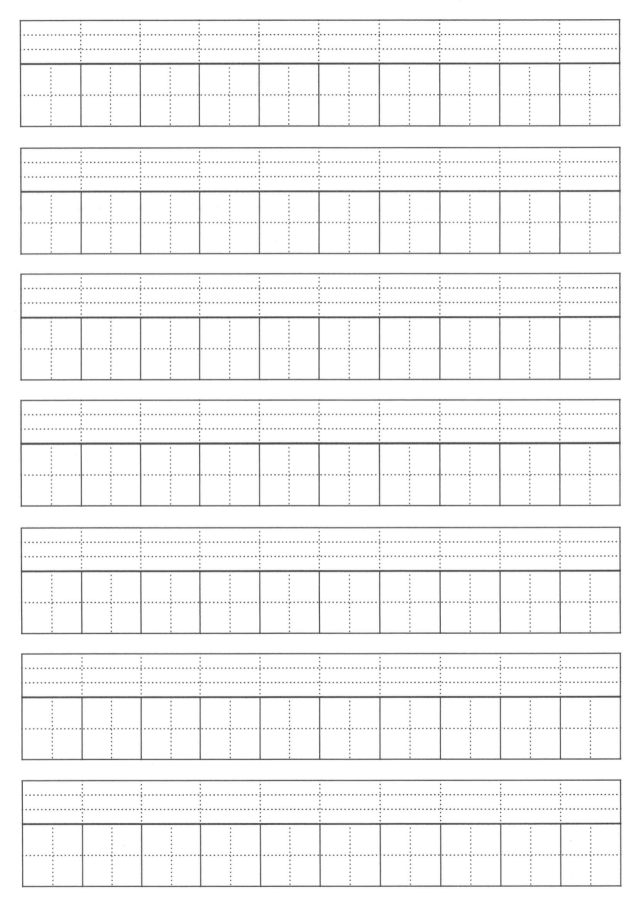

shǐ yú zú xià
始 于 足 下

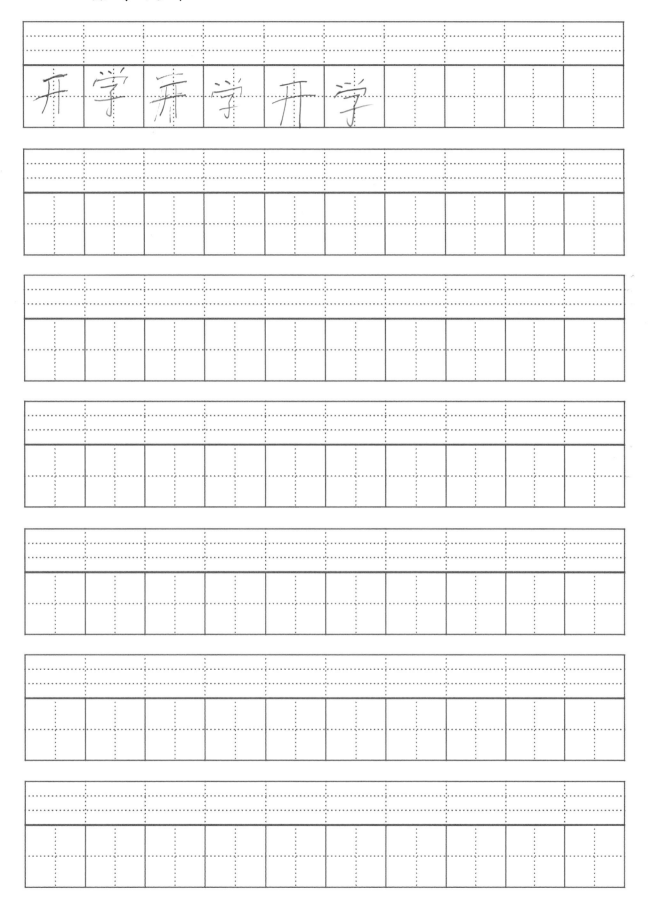

qiān lǐ zhī xíng

千 里 之 行

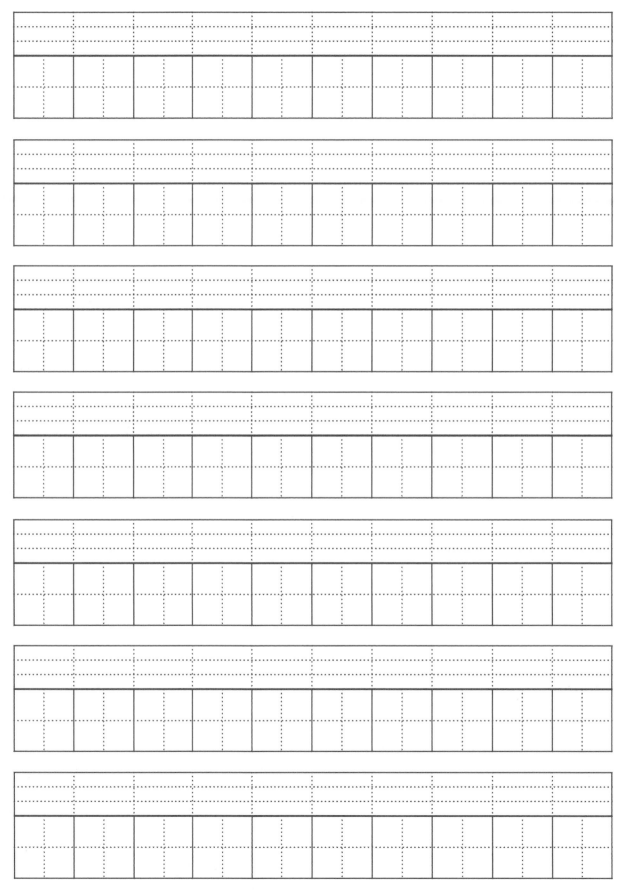

shǐ yú zú xià

始 于 足 下

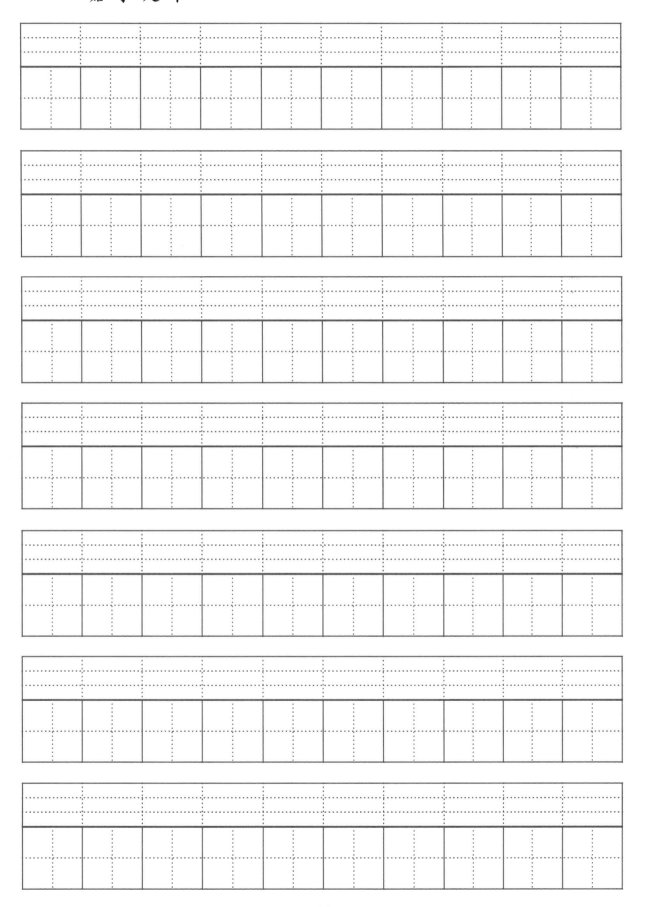

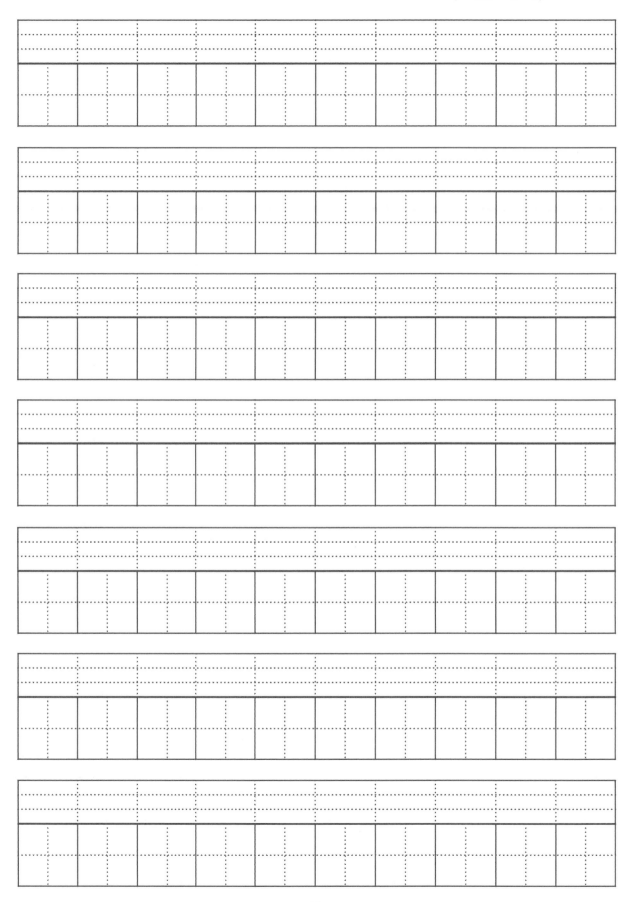

shǐ yú zú xià

始 于 足 下

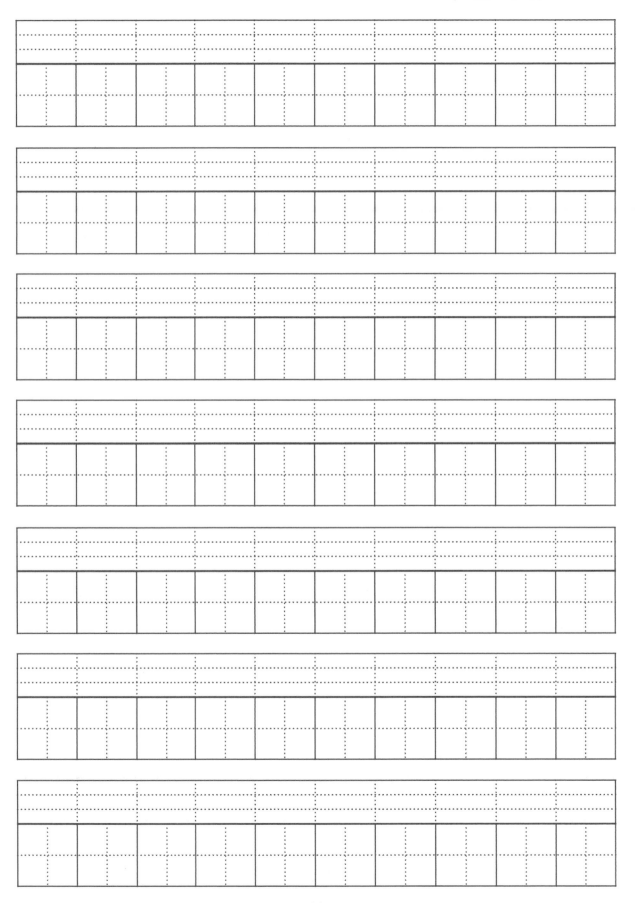

shǐ yú zú xià

始 于 足 下

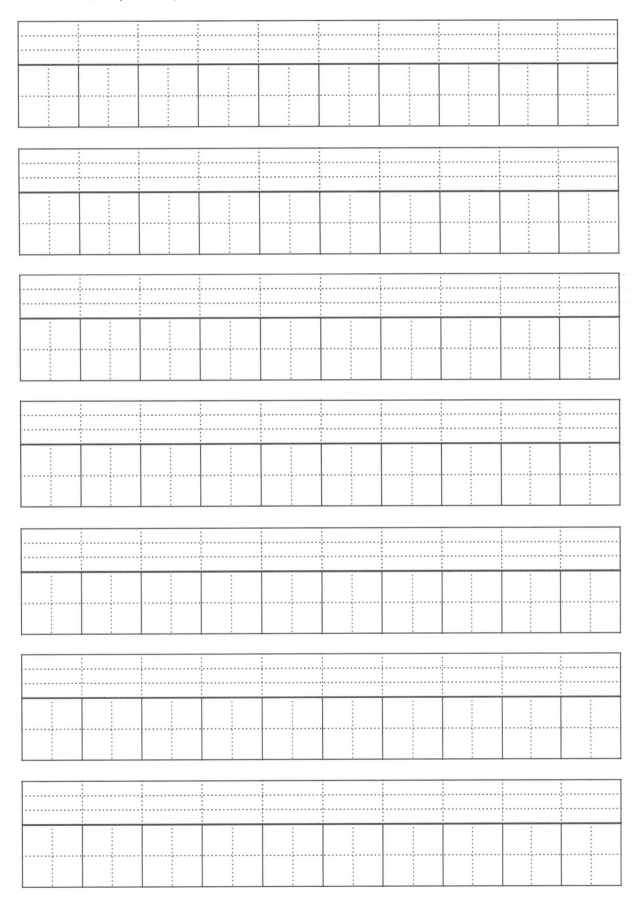

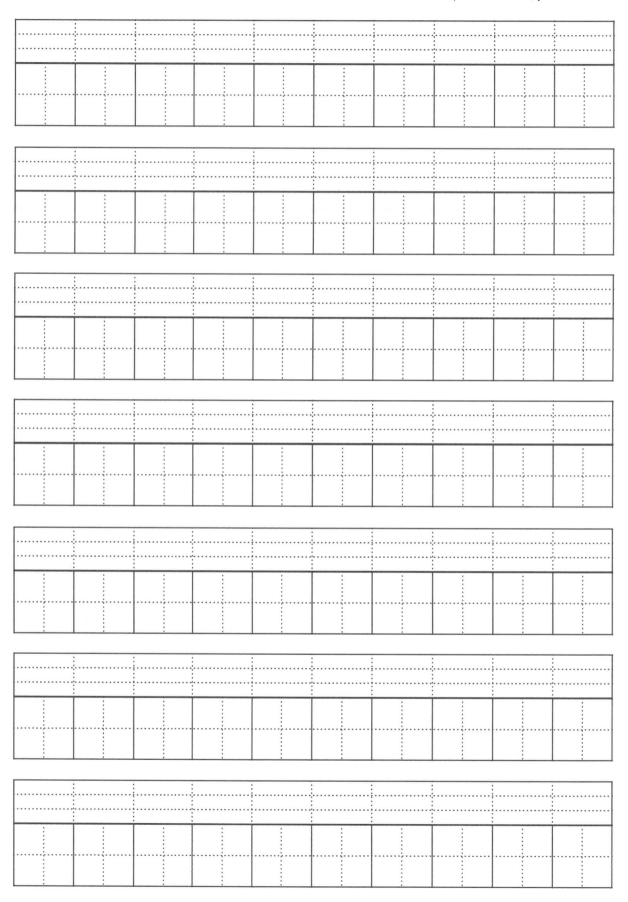

shǐ yú zú xià

始 于 足 下

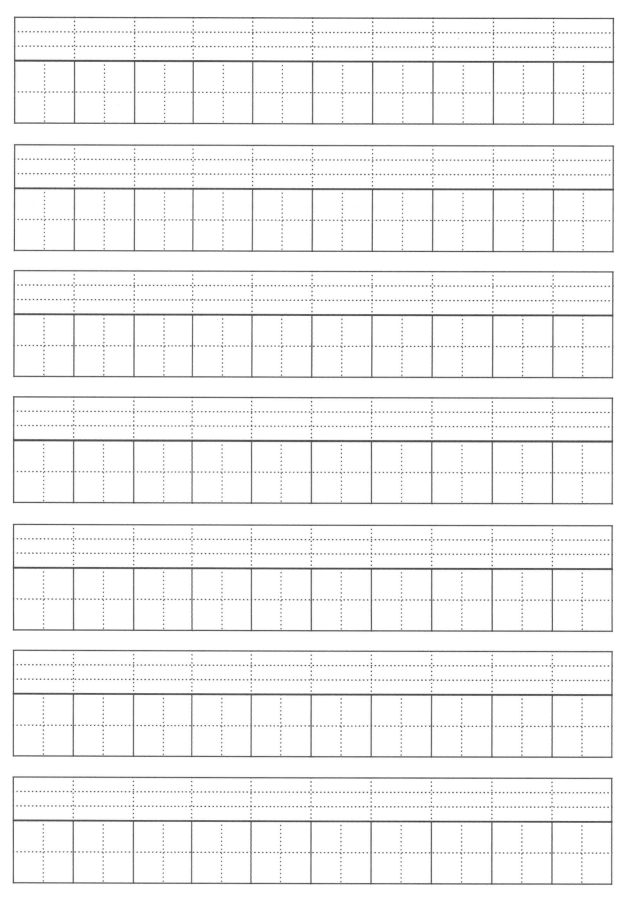

shǐ yú zú xià

始 于 足 下

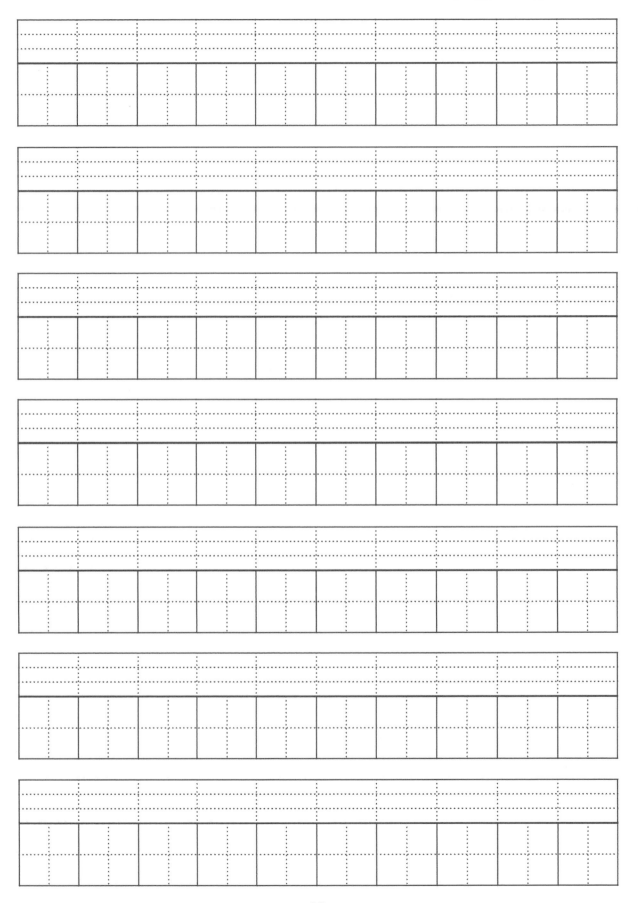

shǐ yú zú xià

始 于 足 下

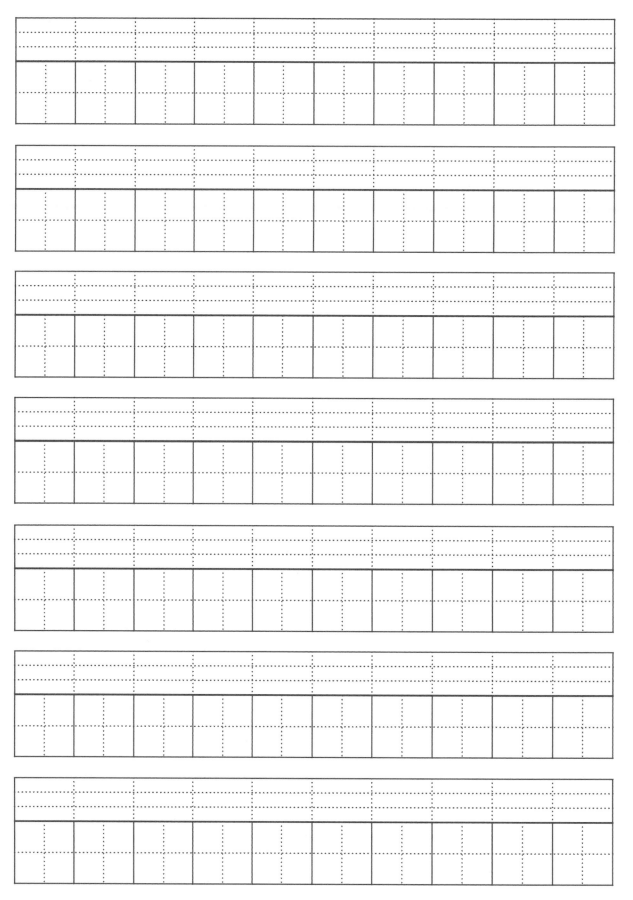

shǐ yú zú xià

始 于 足 下

23

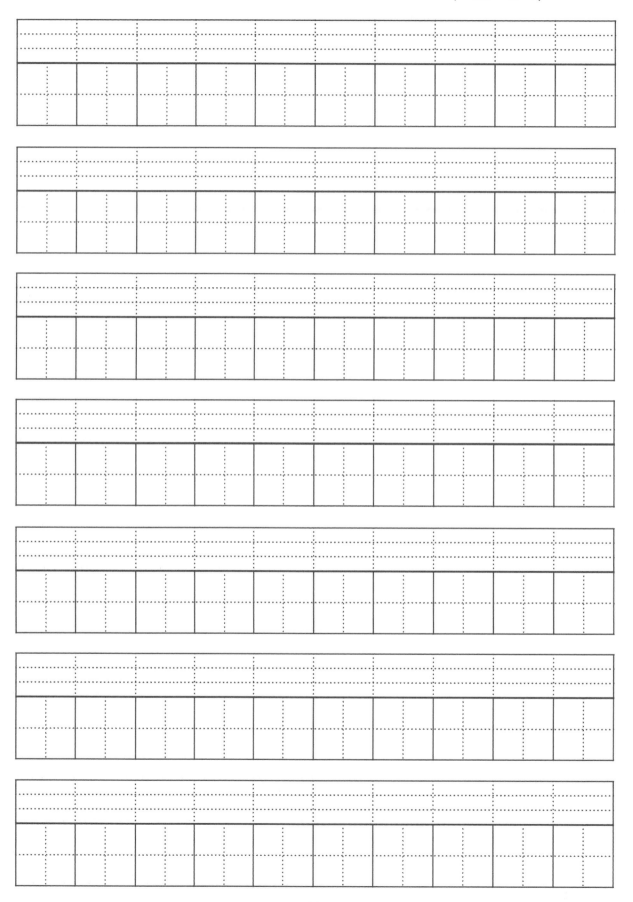

shǐ yú zú xià

始 于 足 下

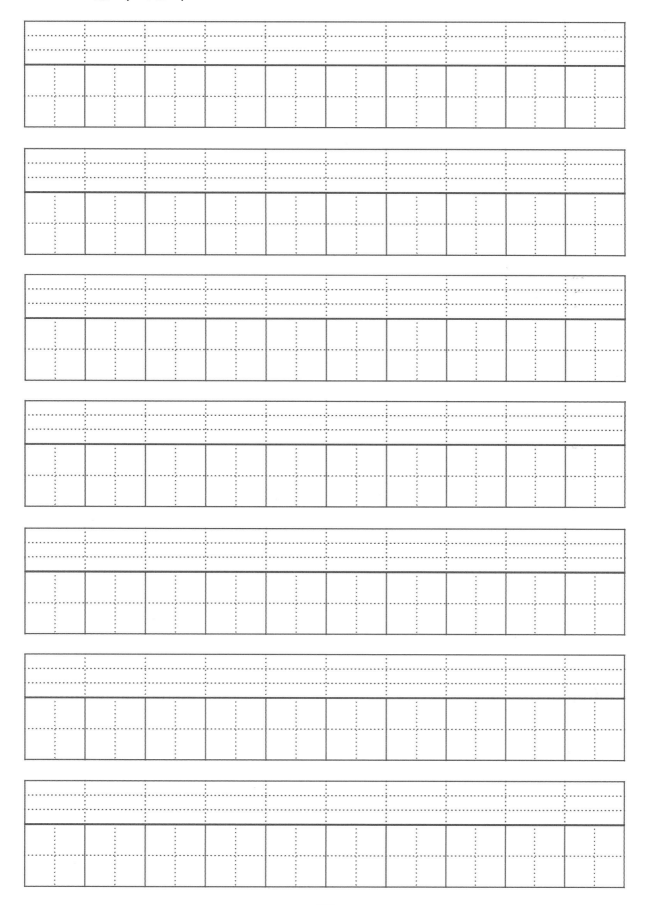

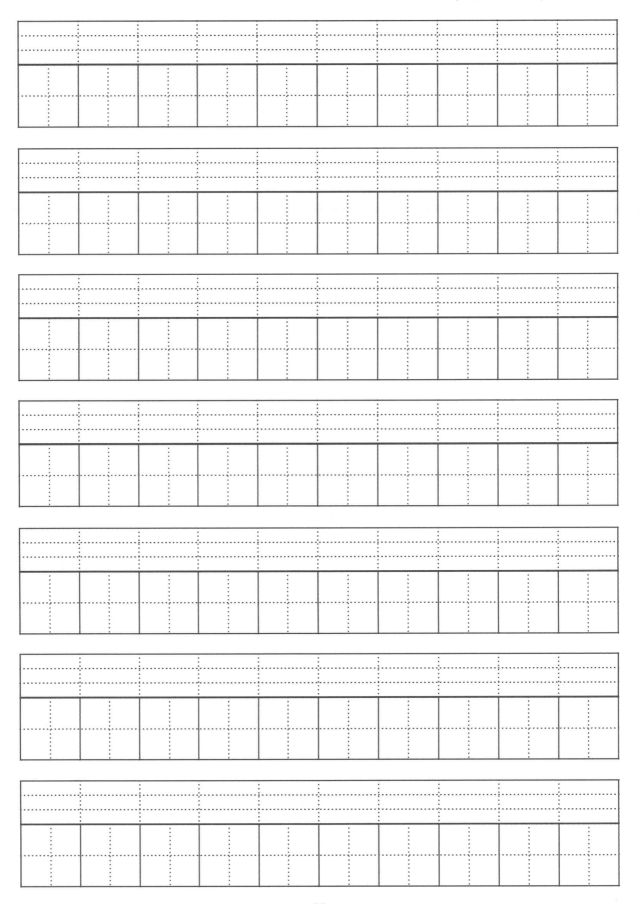

shǐ yú zú xià

始 于 足 下

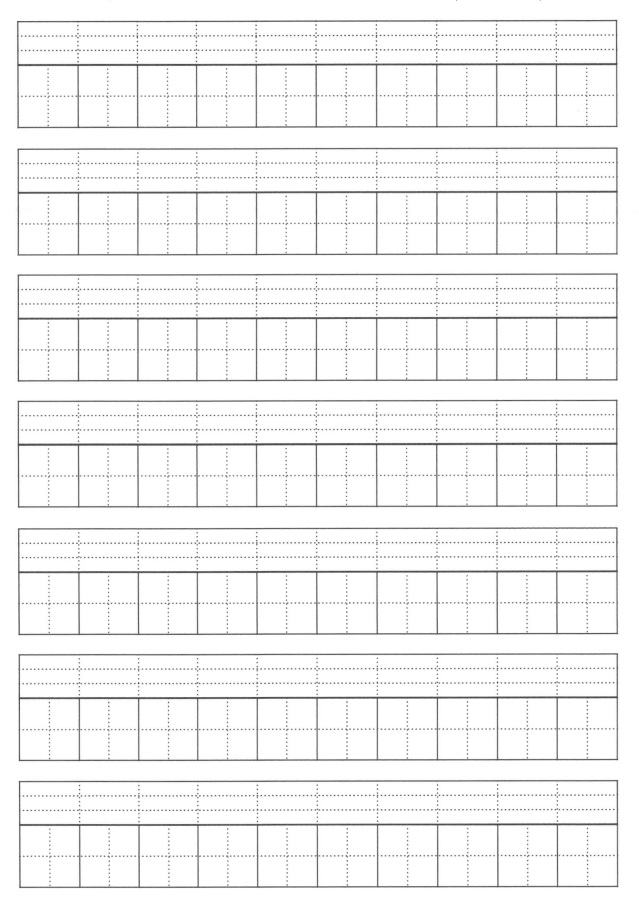

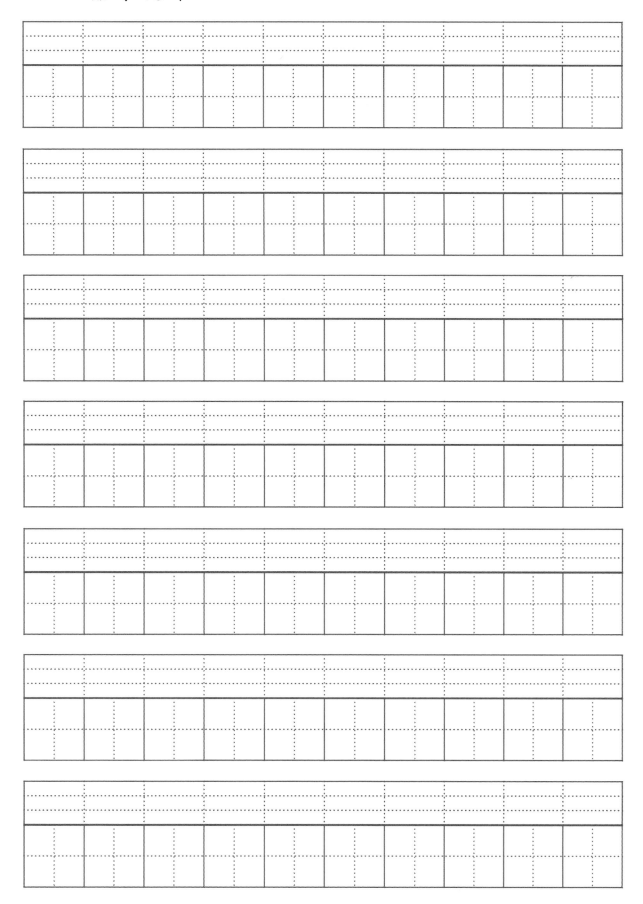

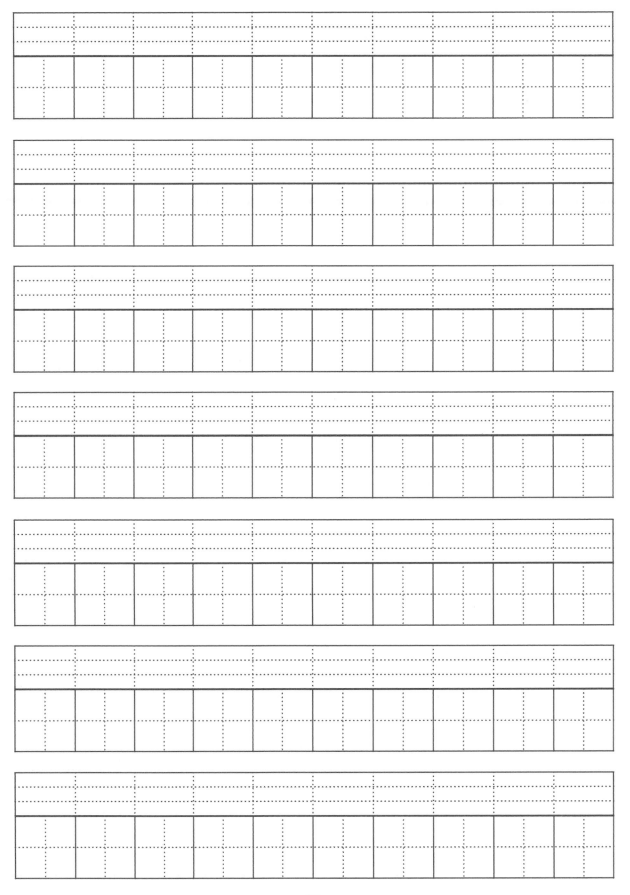

shǐ yú zú xià

始于足下

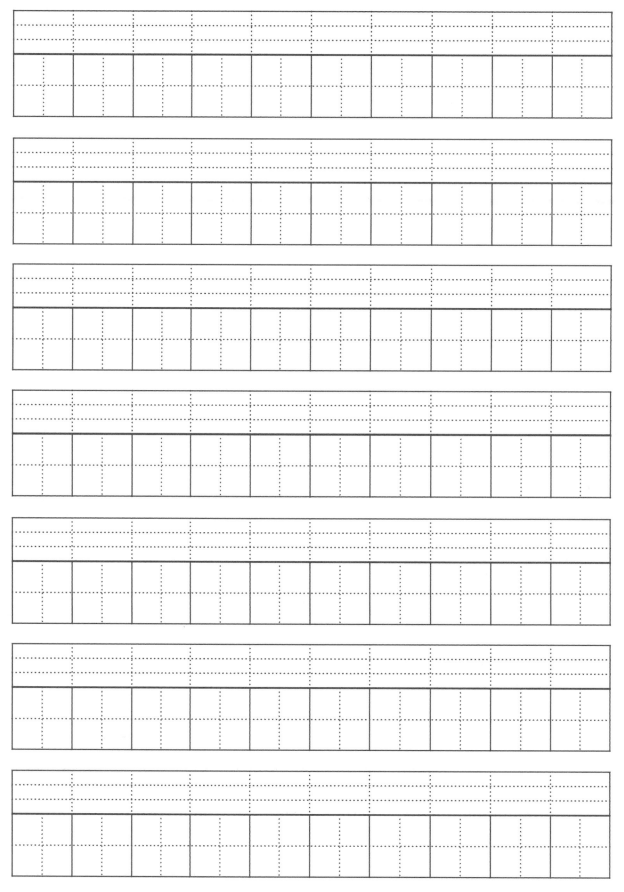

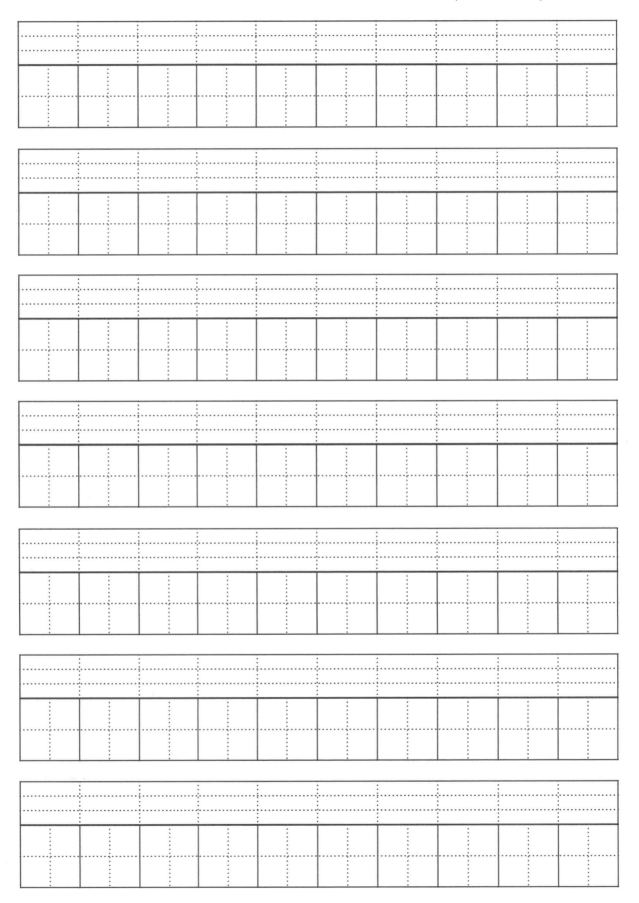

shǐ yú zú xià

始 于 足 下

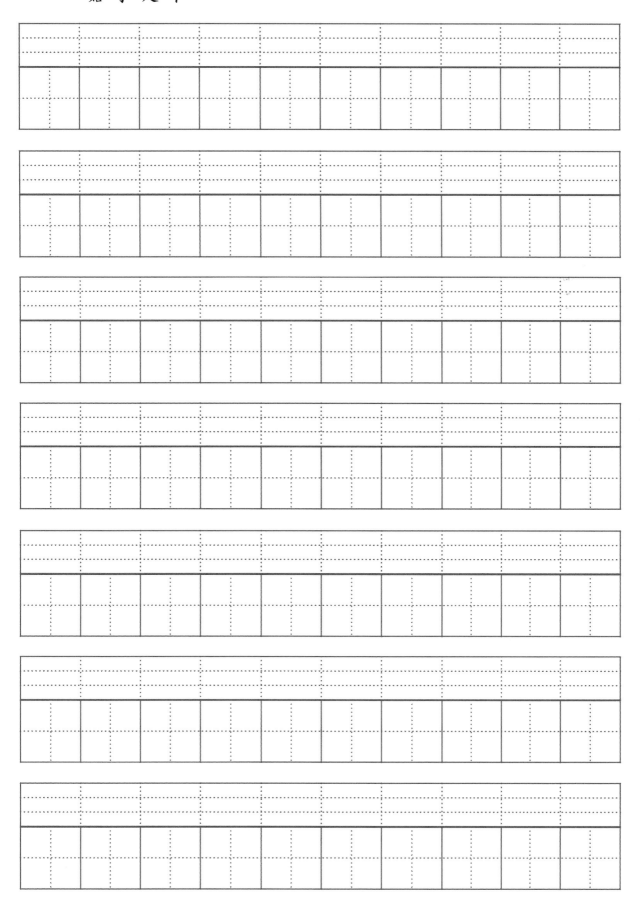

37

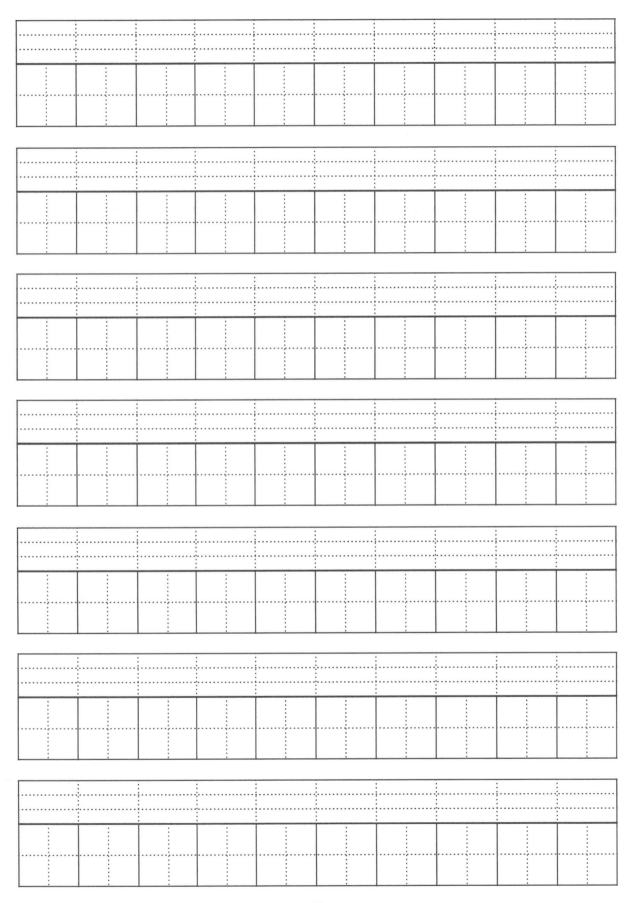

shǐ yú zú xià
始 于 足 下

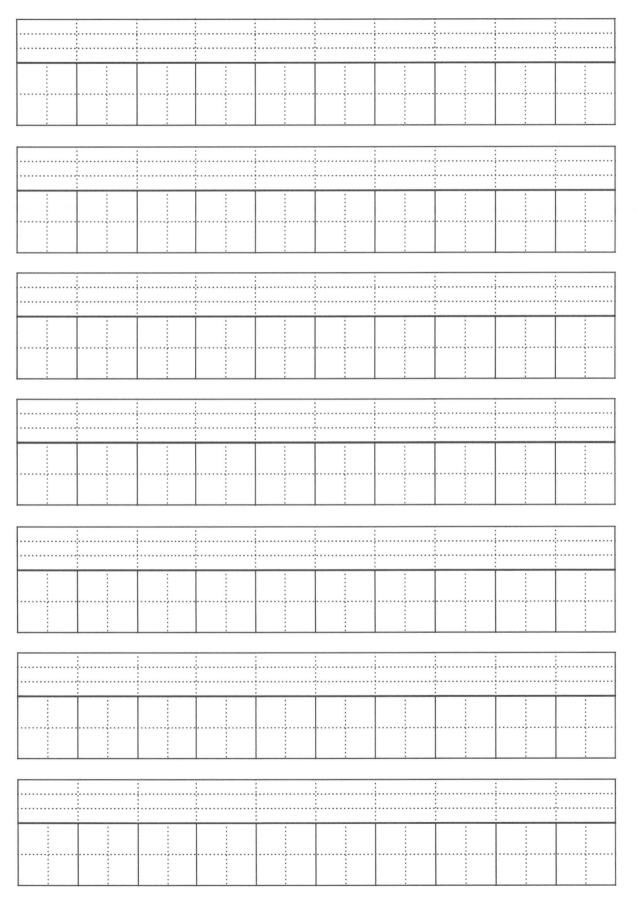

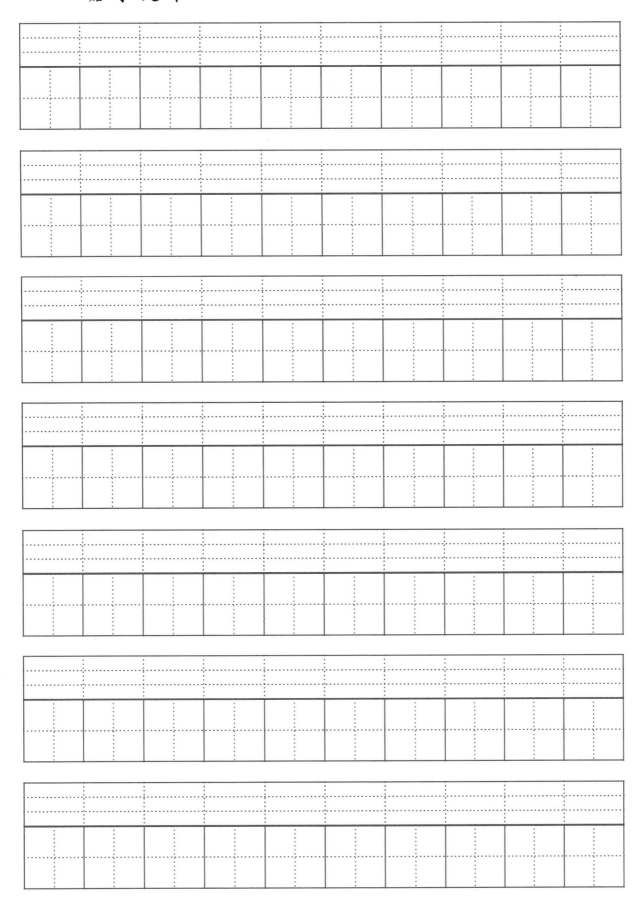

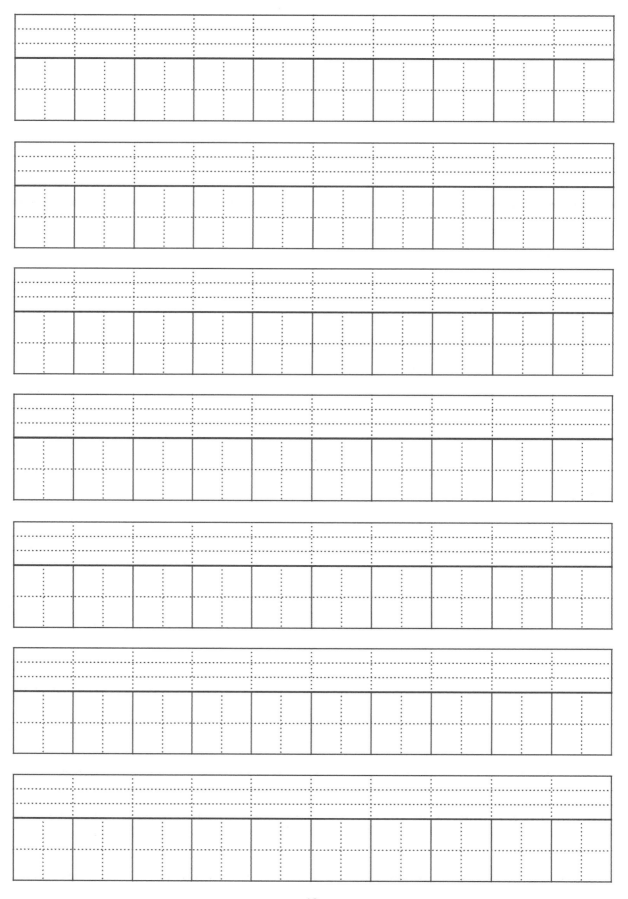

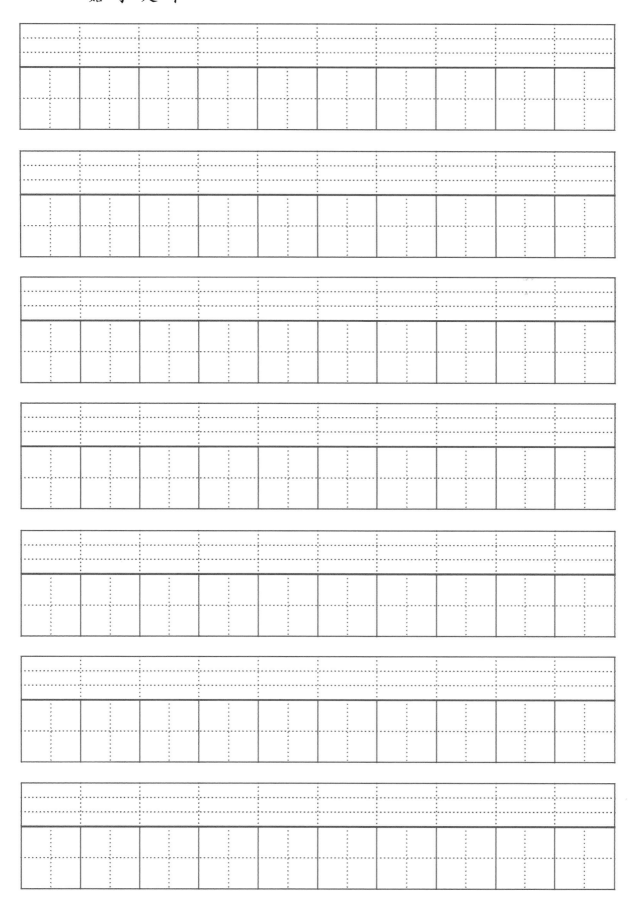

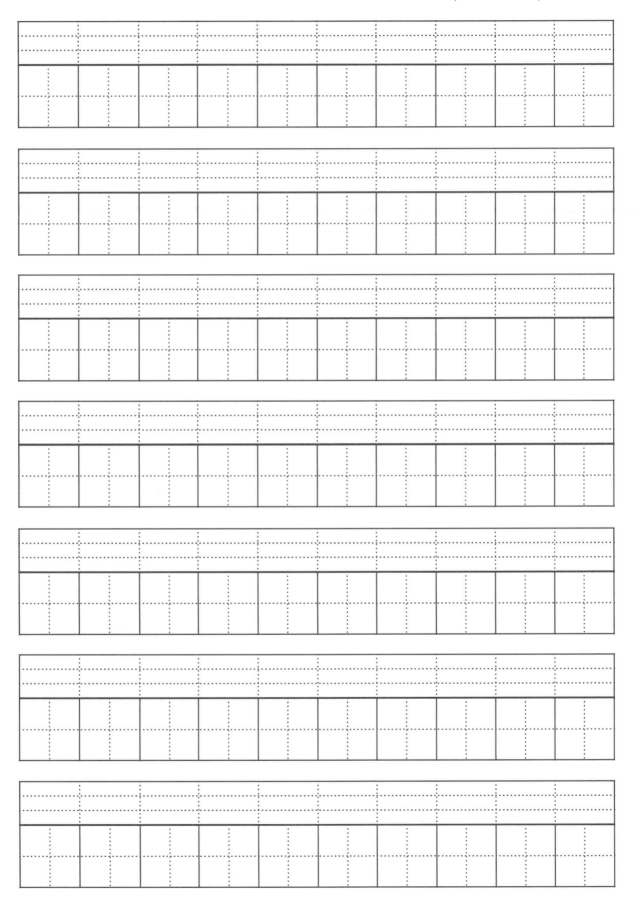

qiān lǐ zhī xíng

千 里 之 行

44

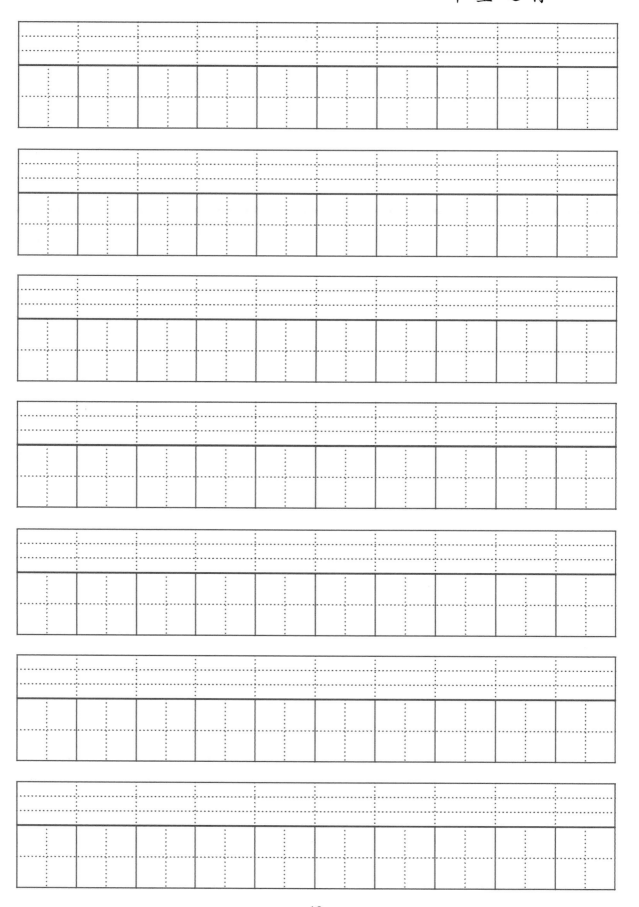

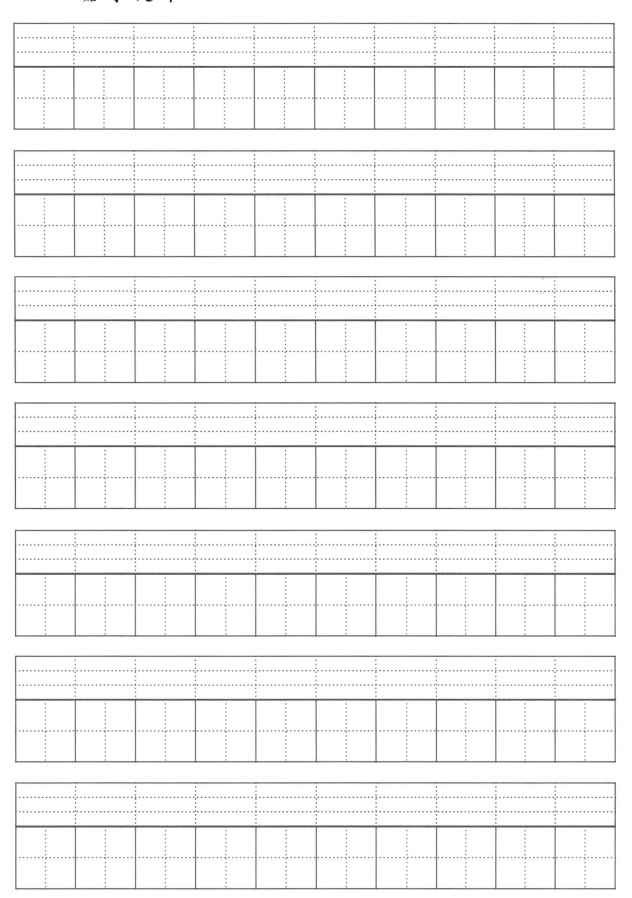

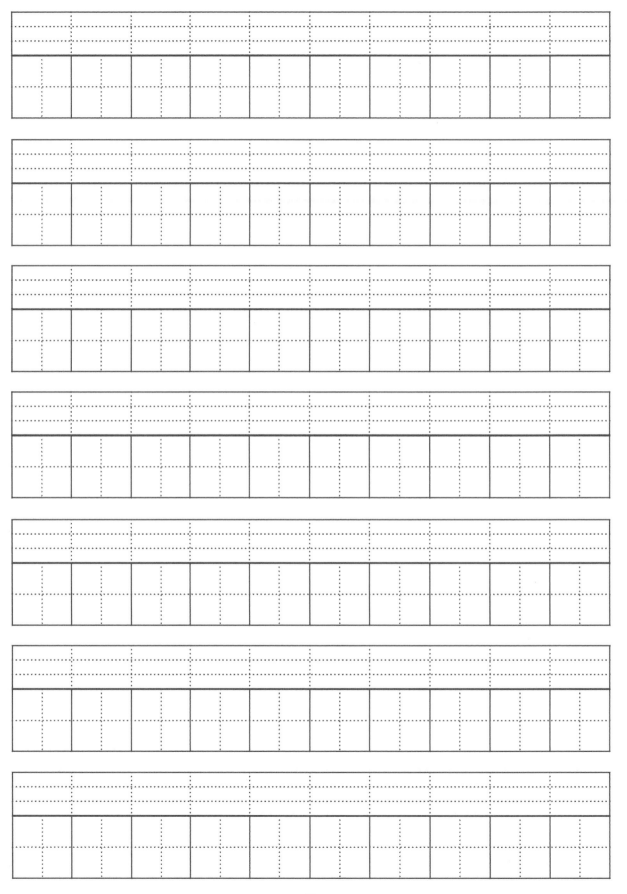

shǐ yú zú xià

始 于 足 下

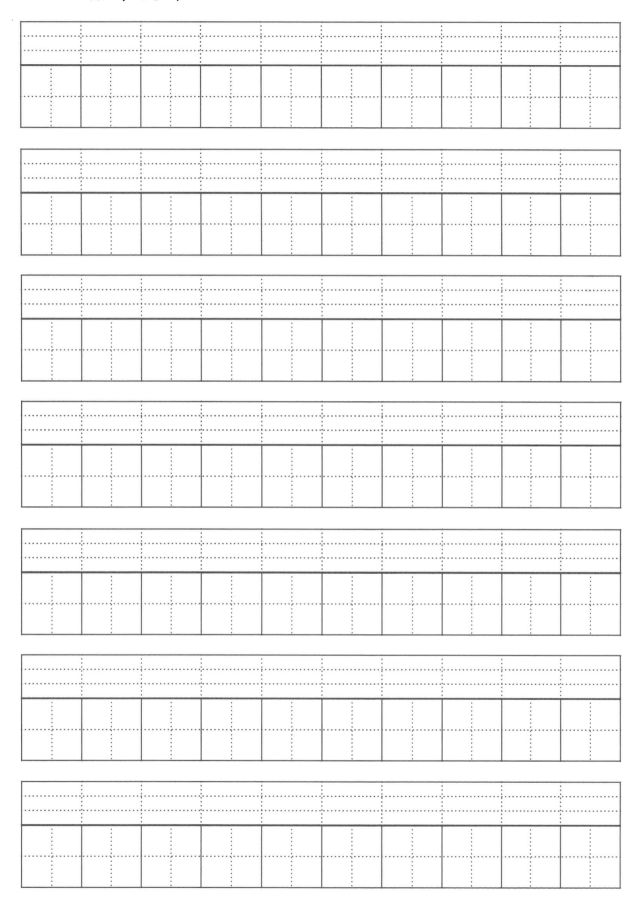

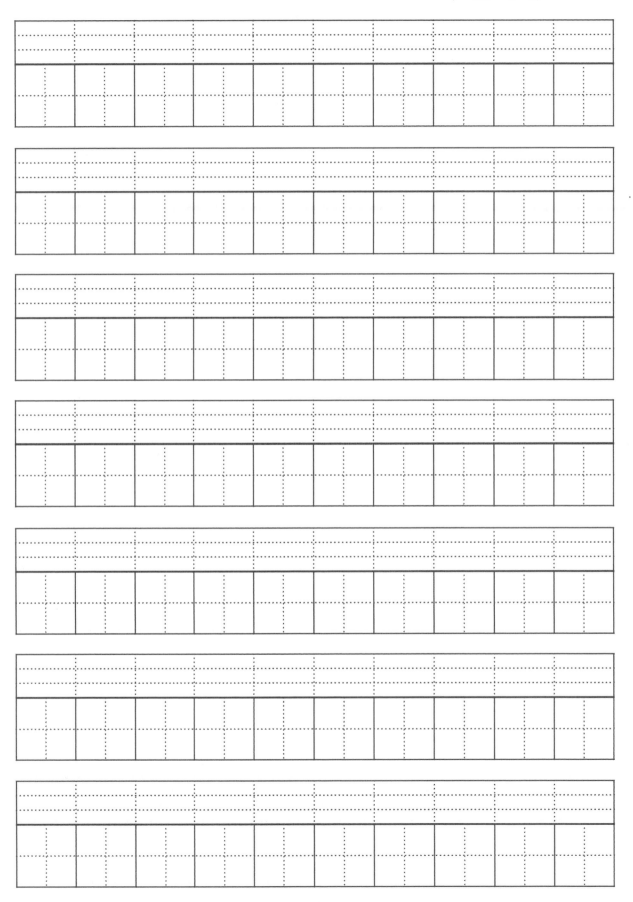

shǐ yú zú xià

始 于 足 下

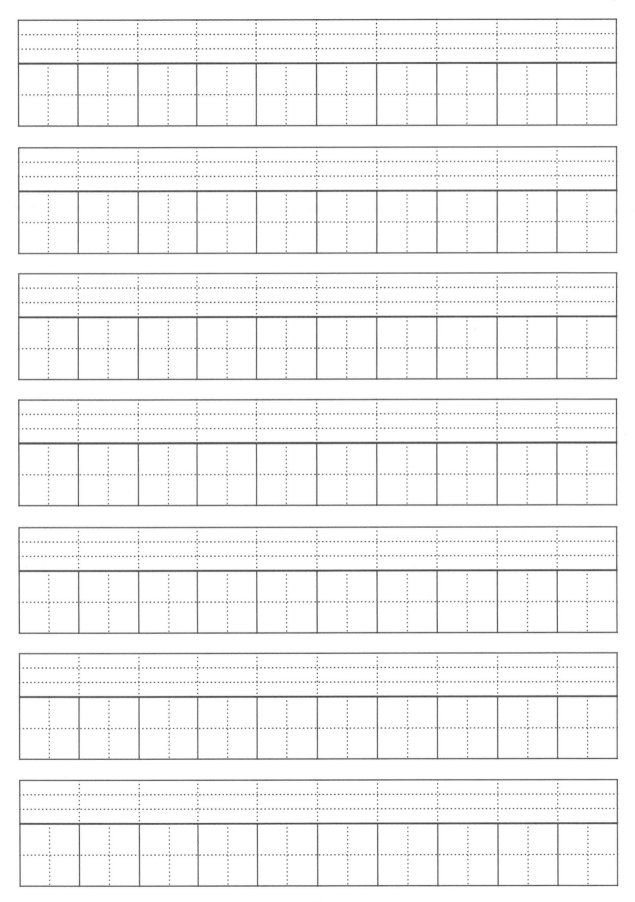

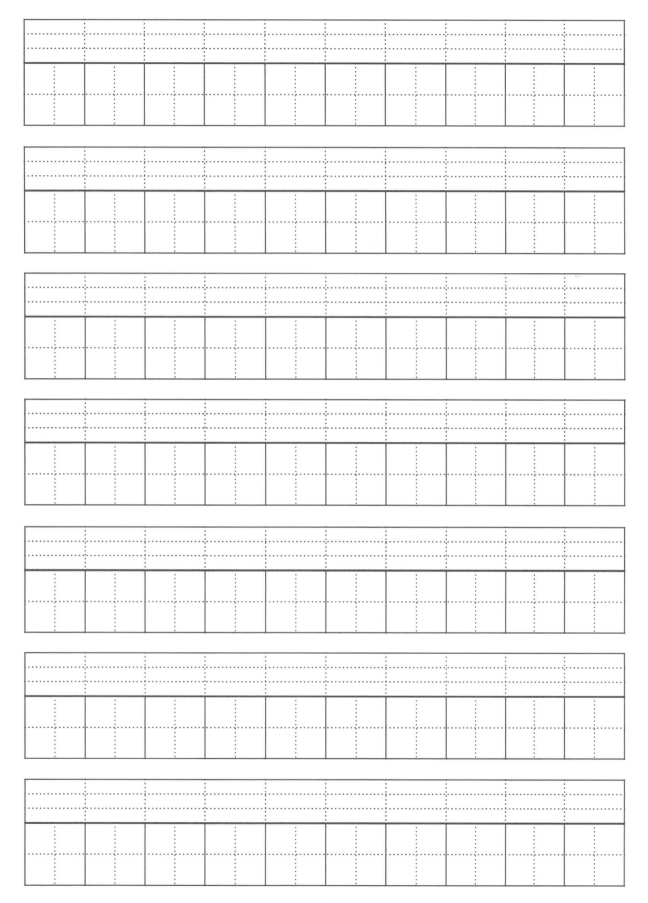

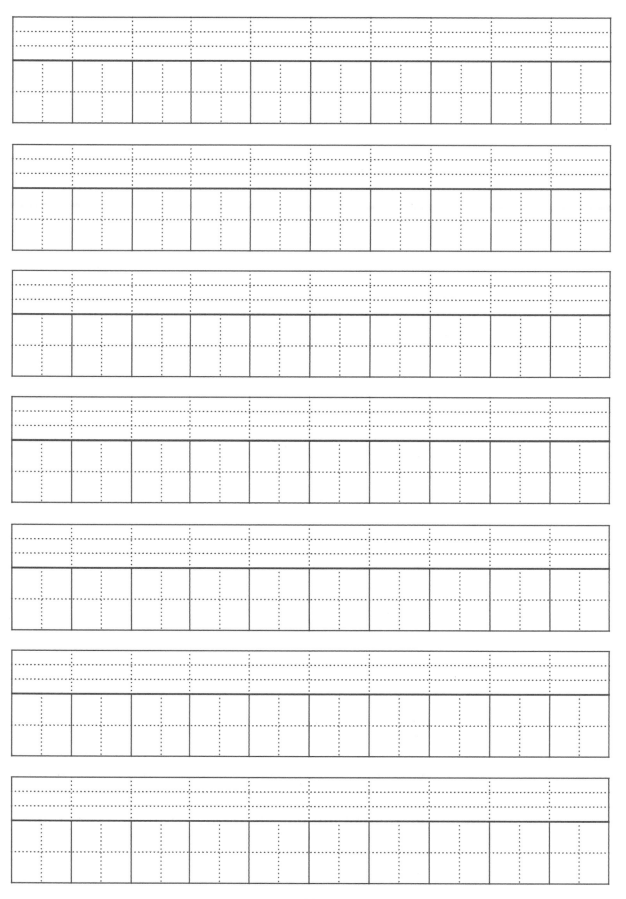

shǐ yú zú xià

始 于 足 下

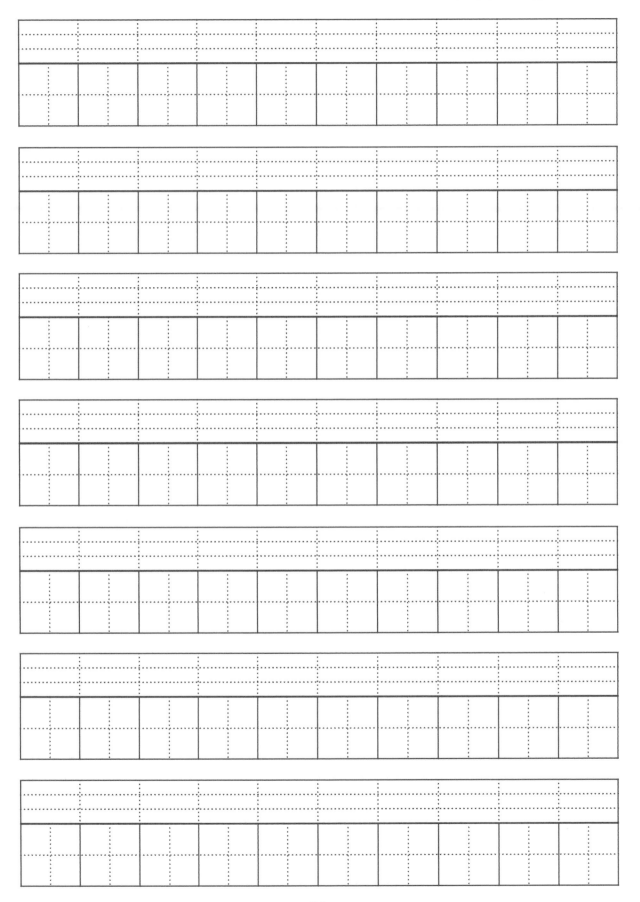

qiān lǐ zhī xíng
千里之行

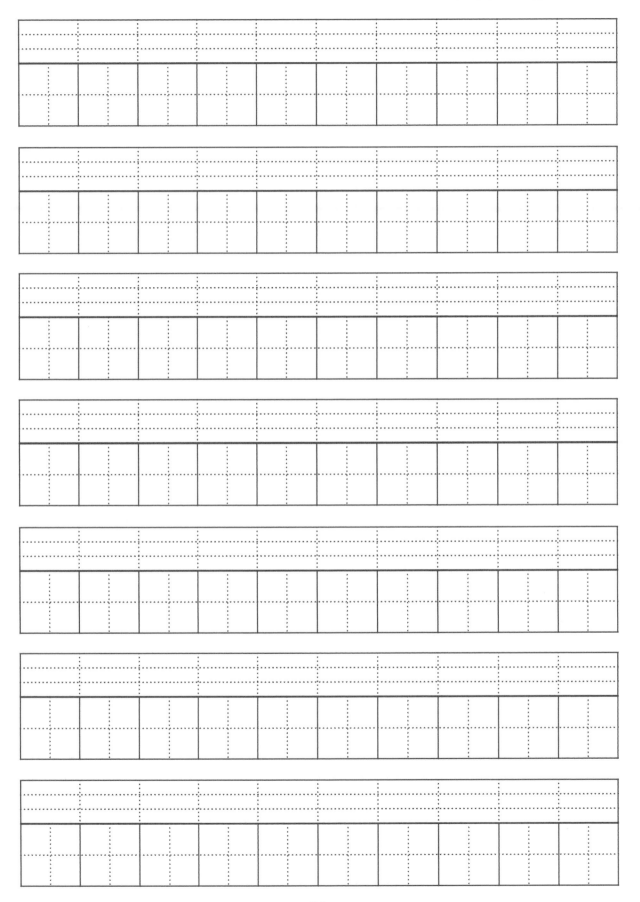

56

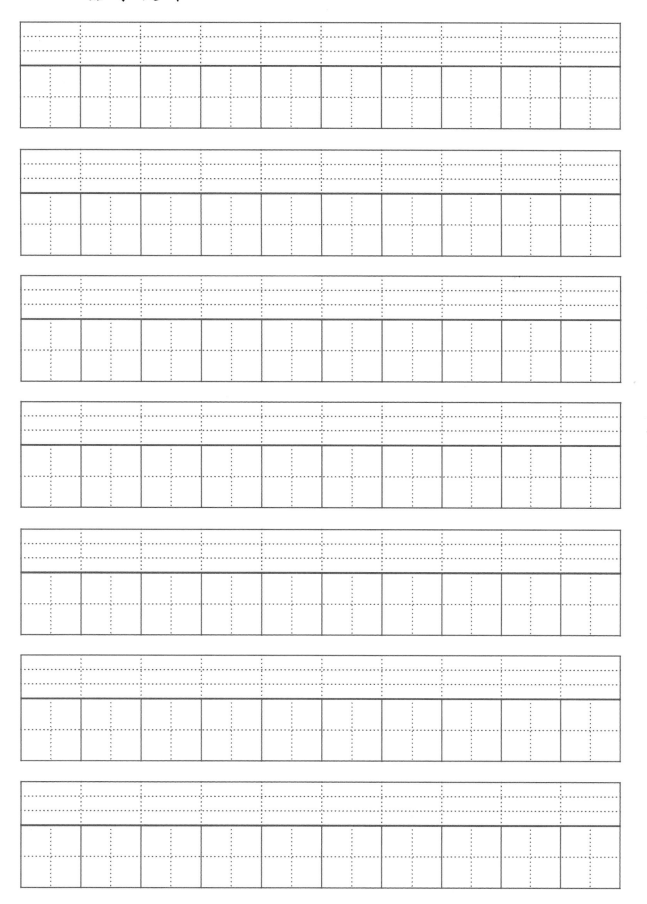

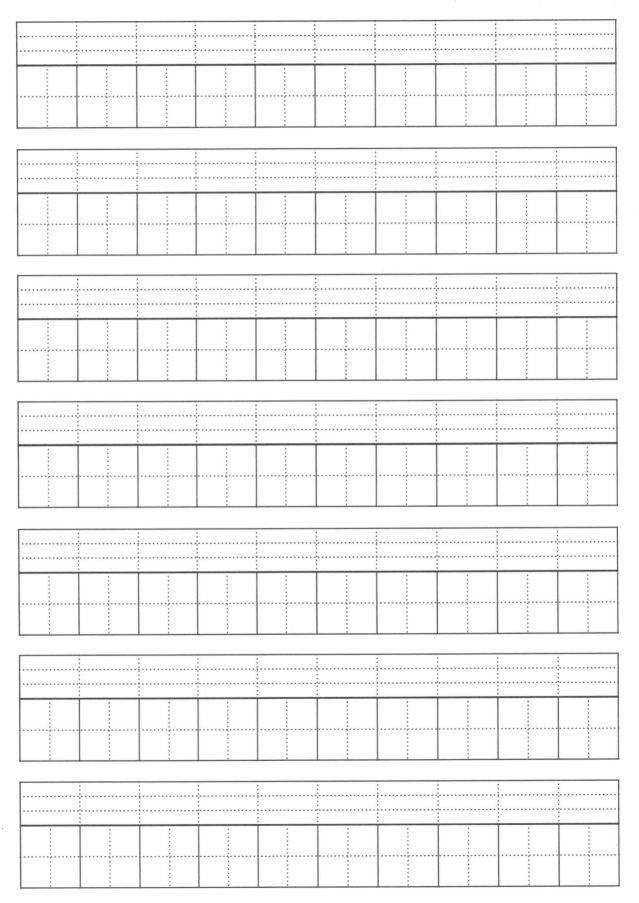

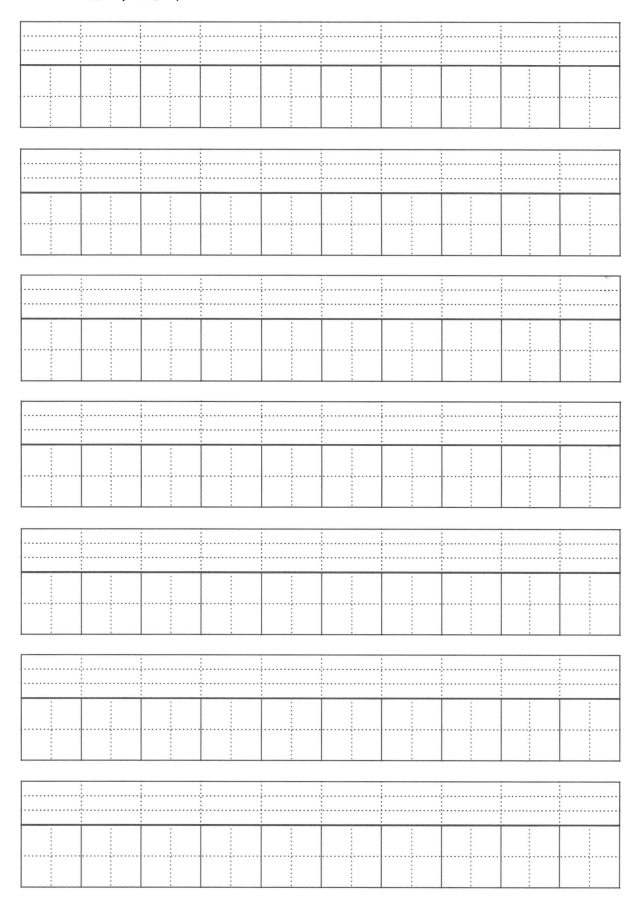

shǐ yú zú xià
始 于 足 下

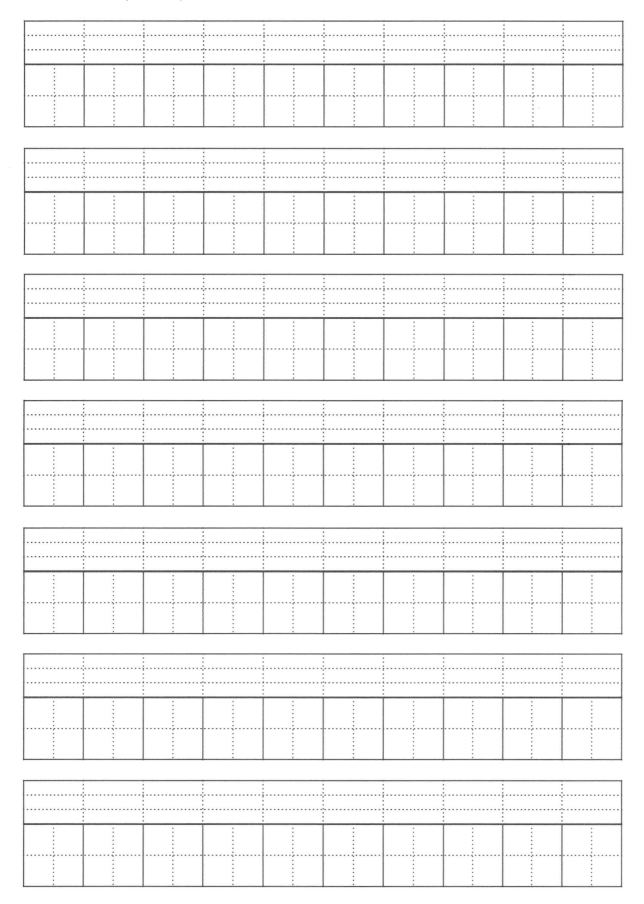

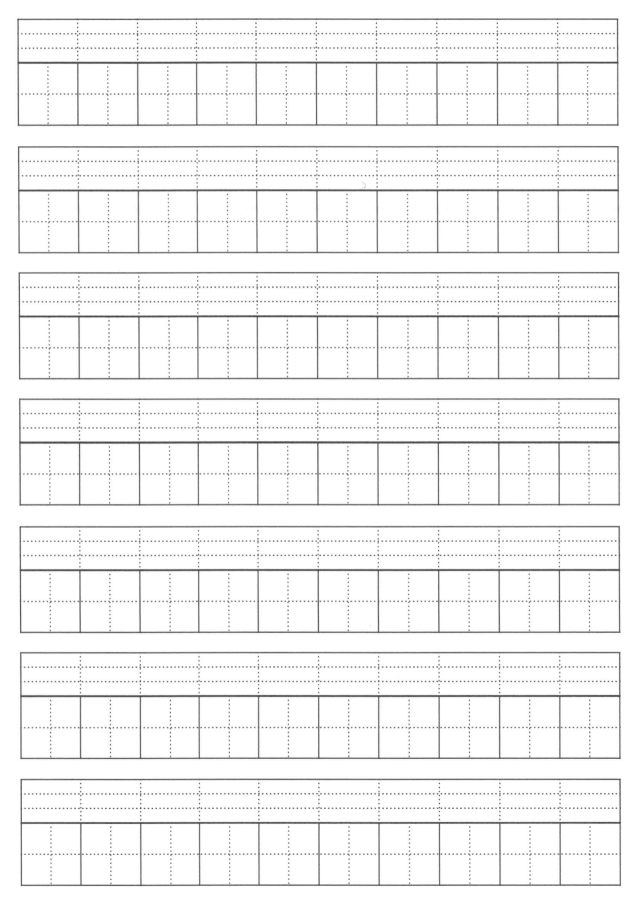

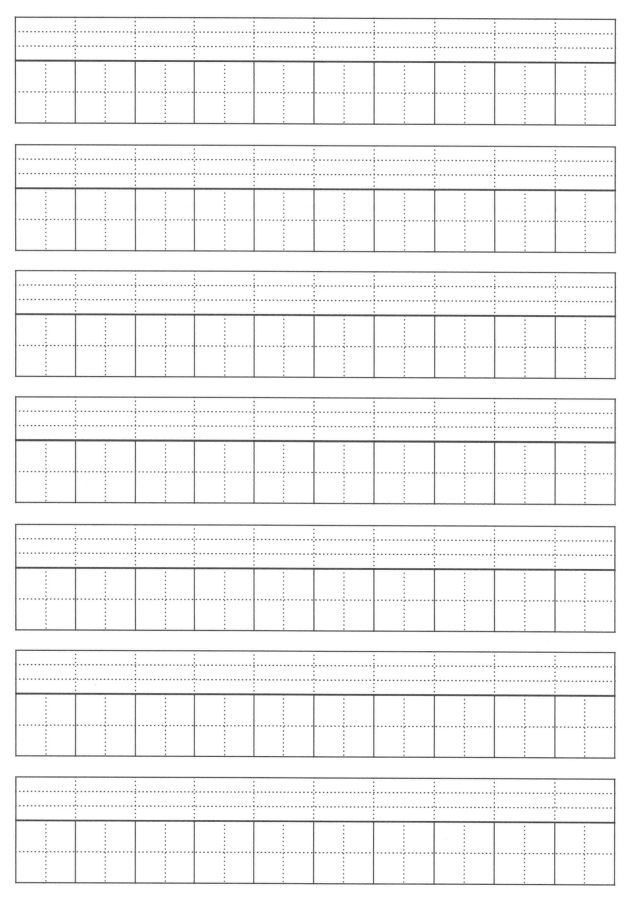

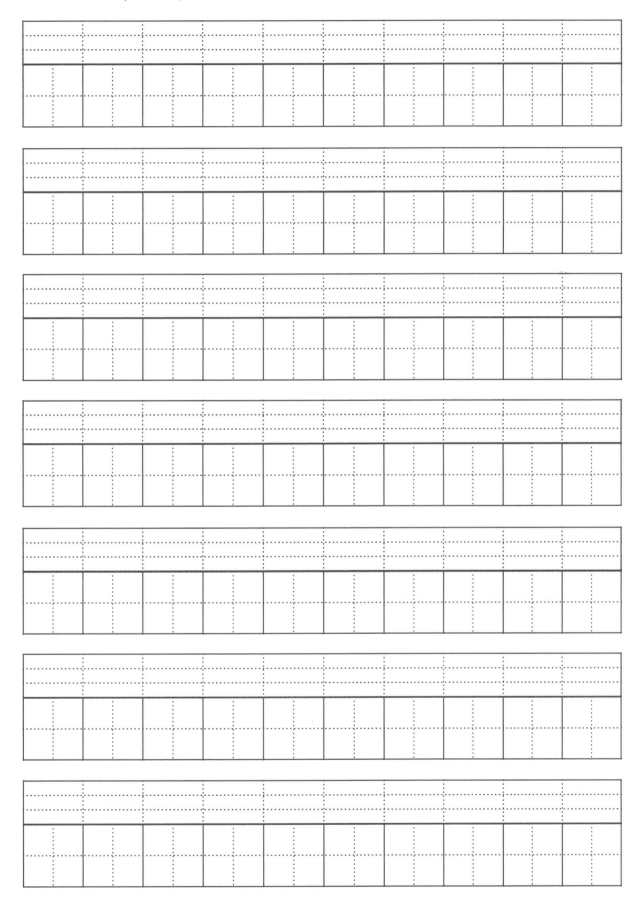

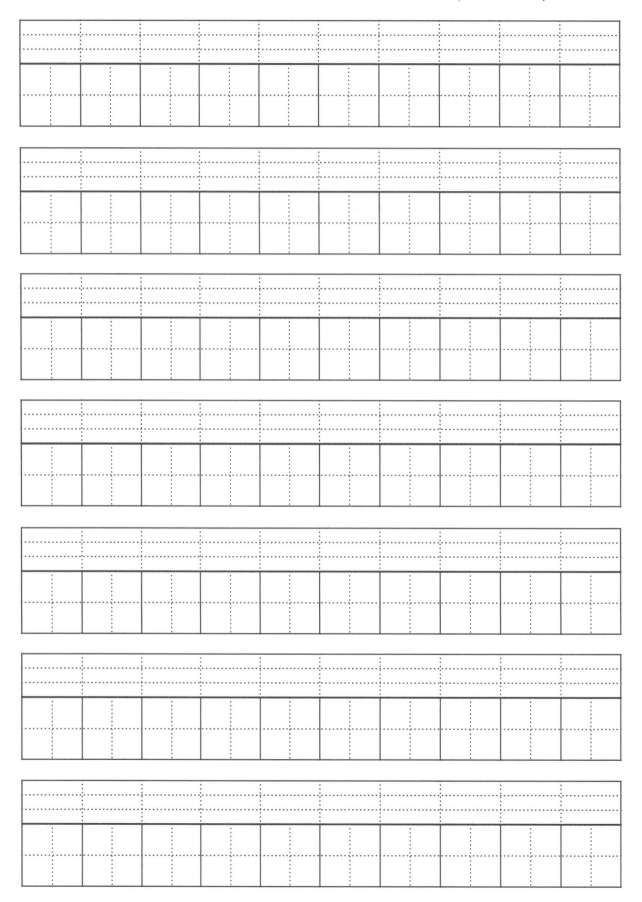

shǐ yú zú xià
始 于 足 下

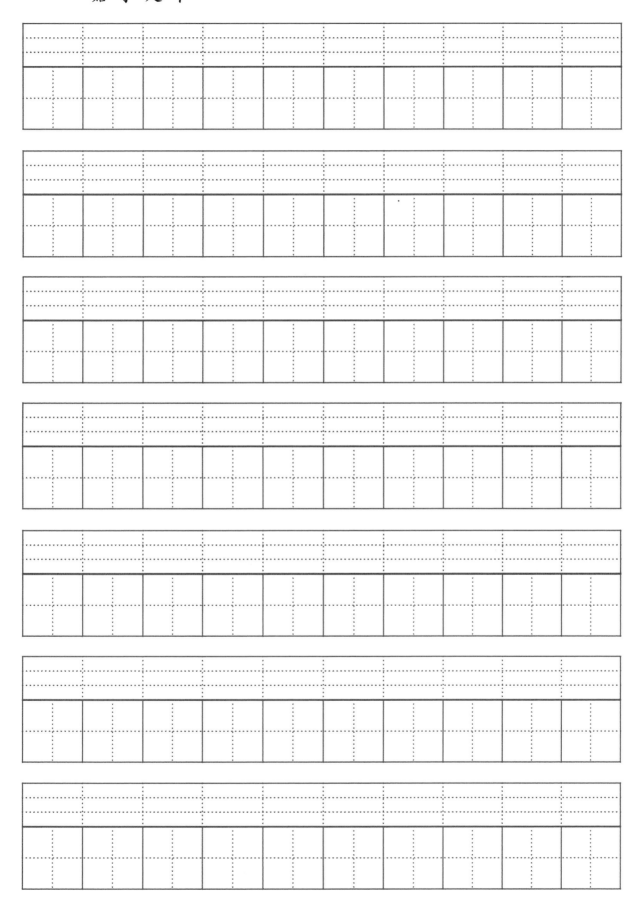

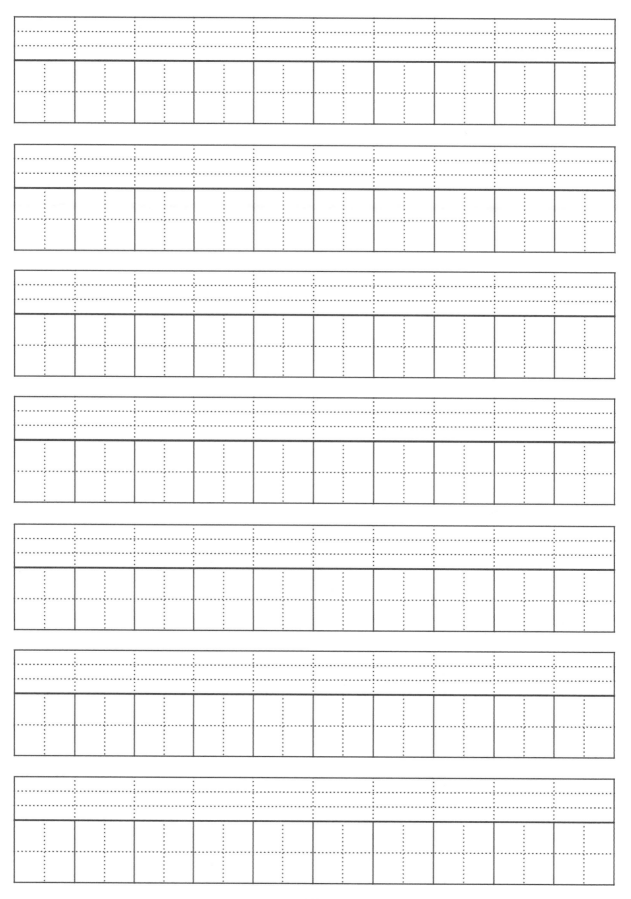

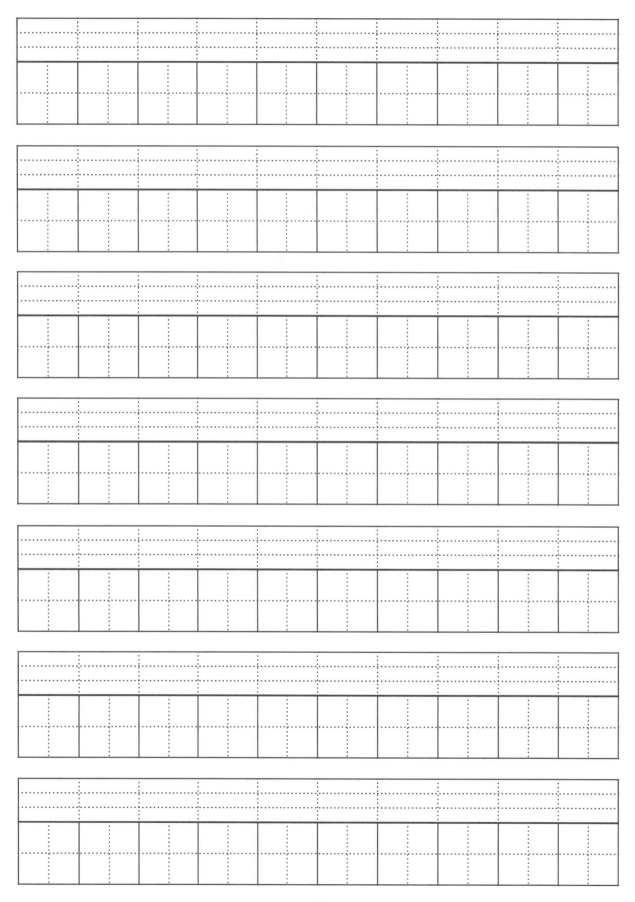

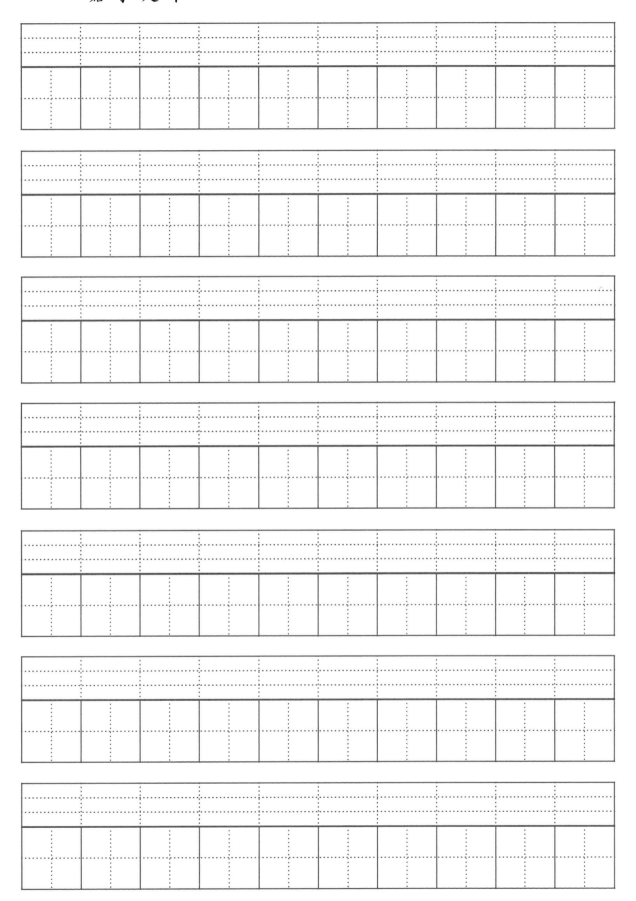

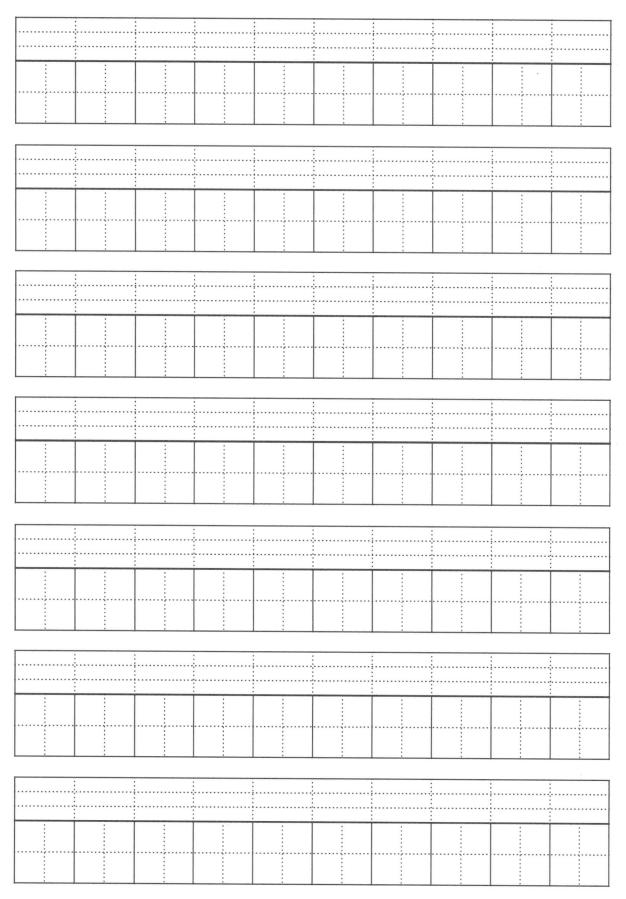

shǐ yú zú xià

始 于 足 下

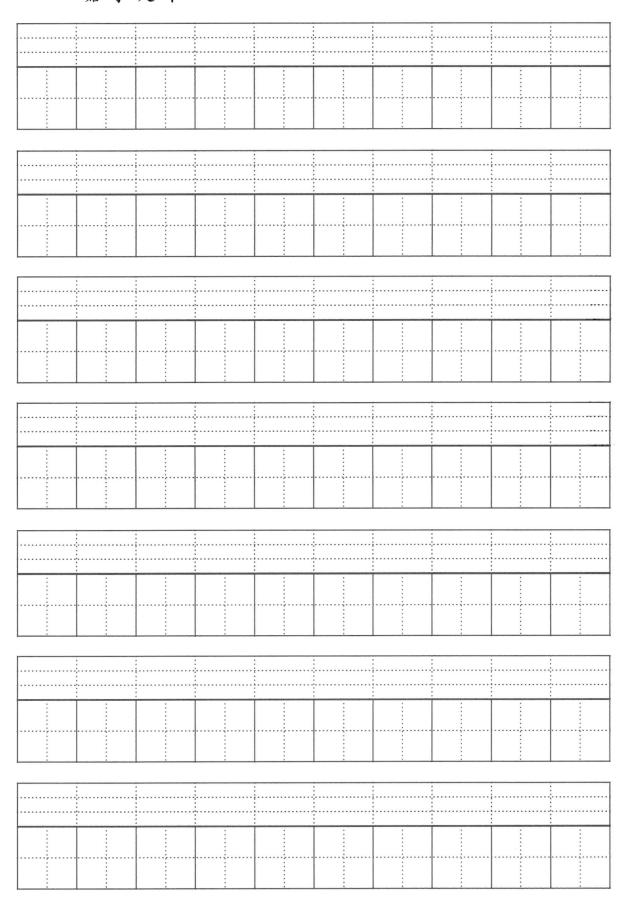

75

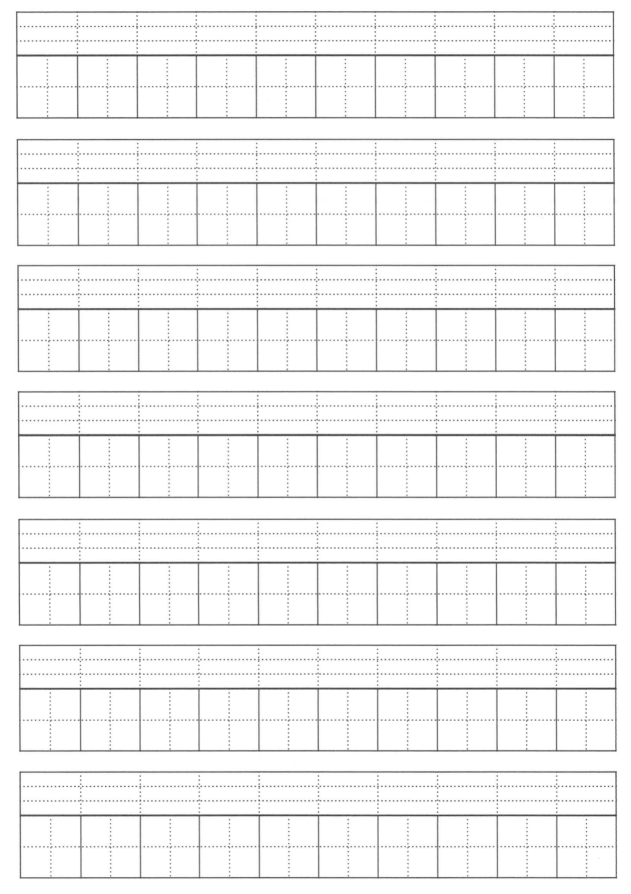

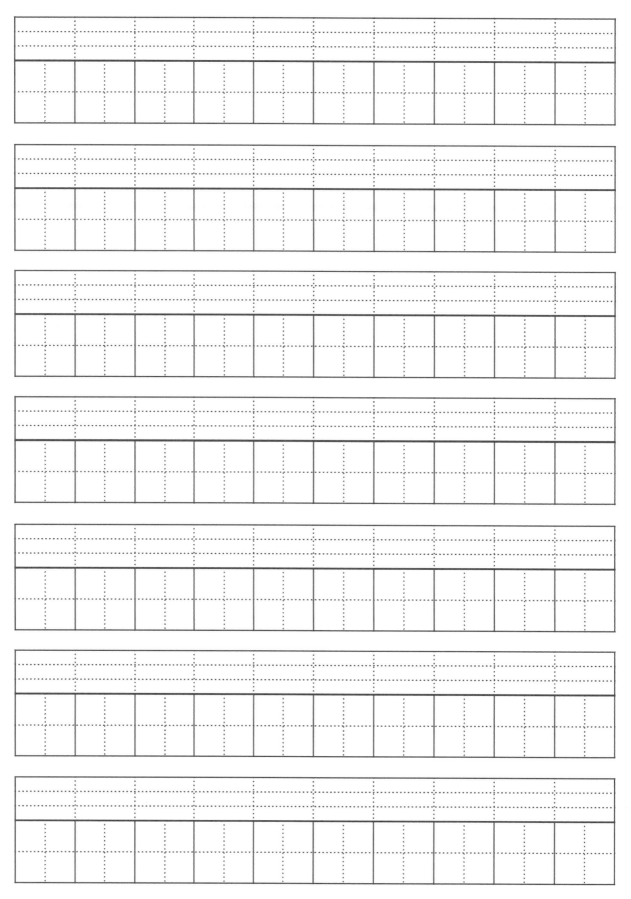

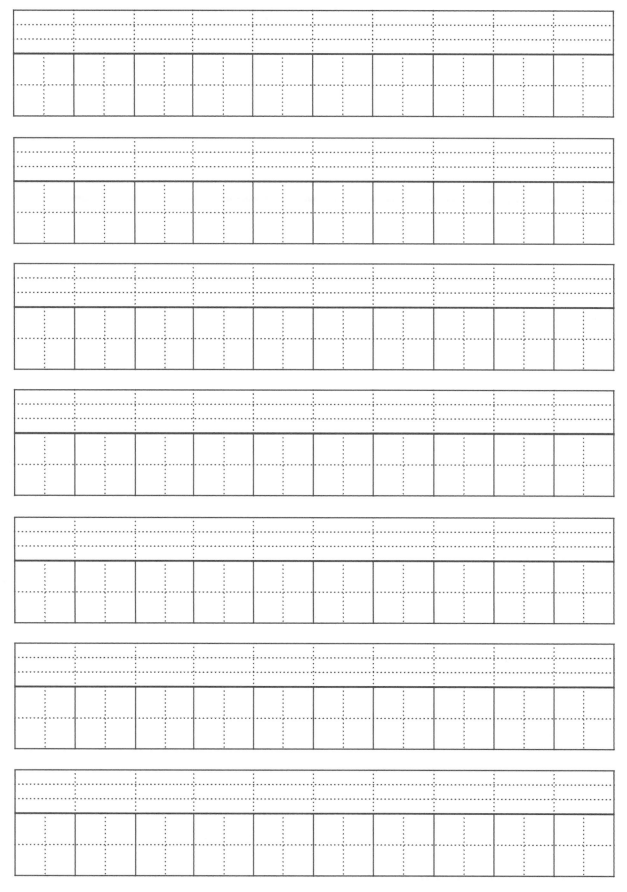

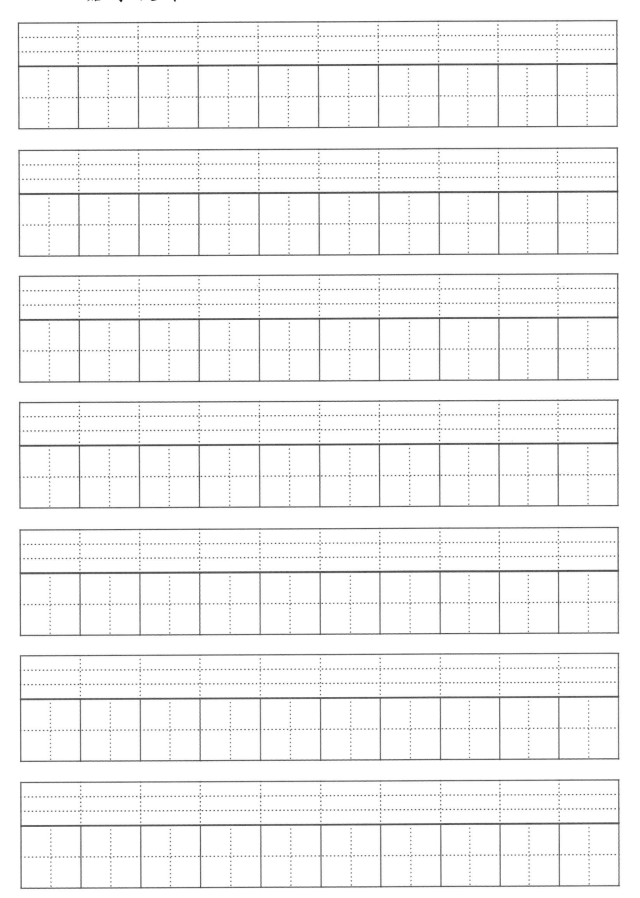

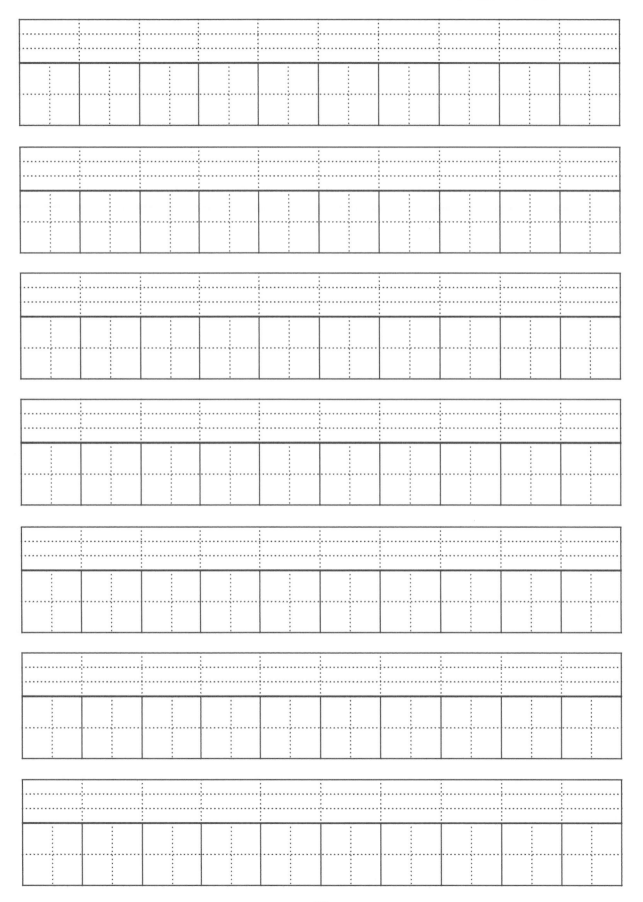

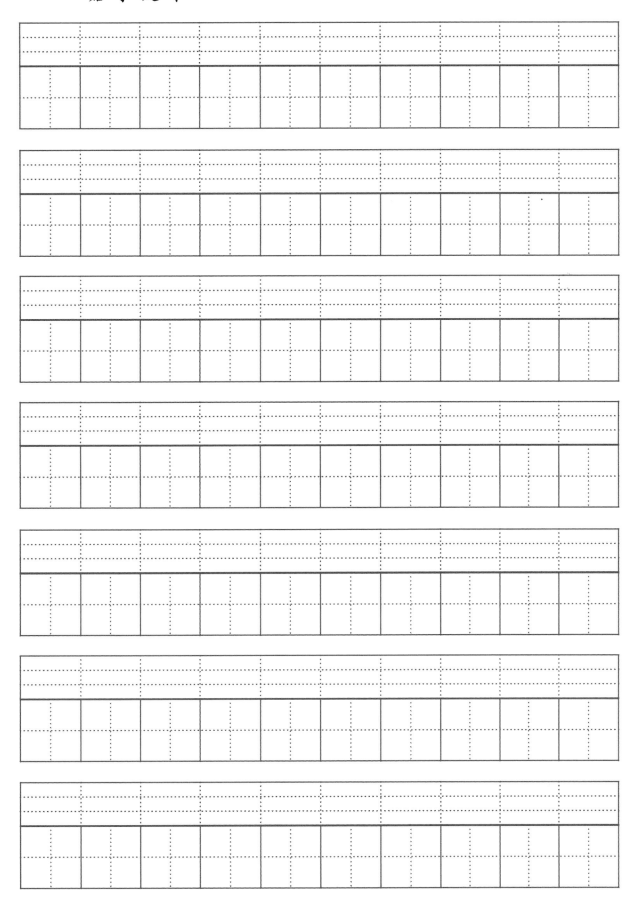

83

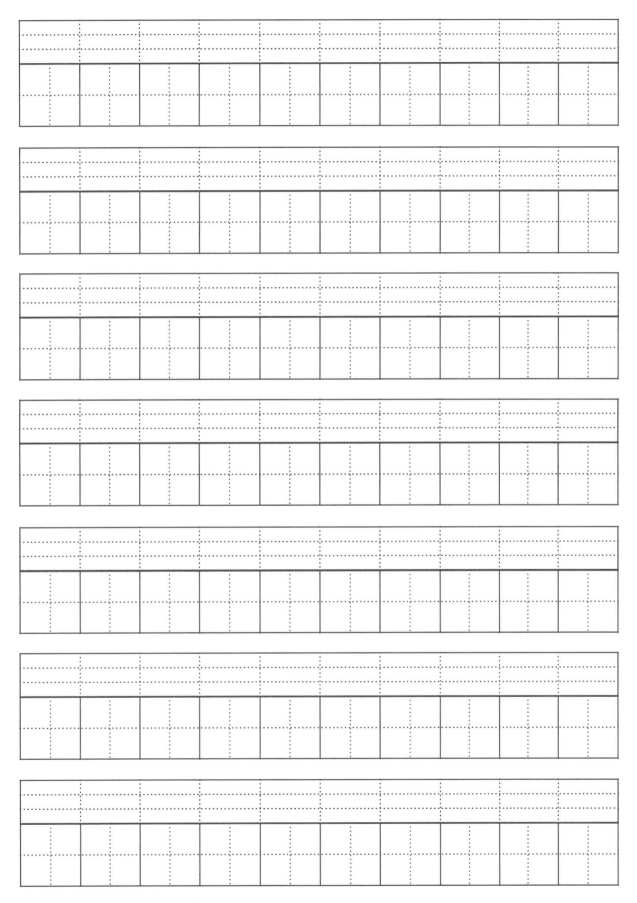

85

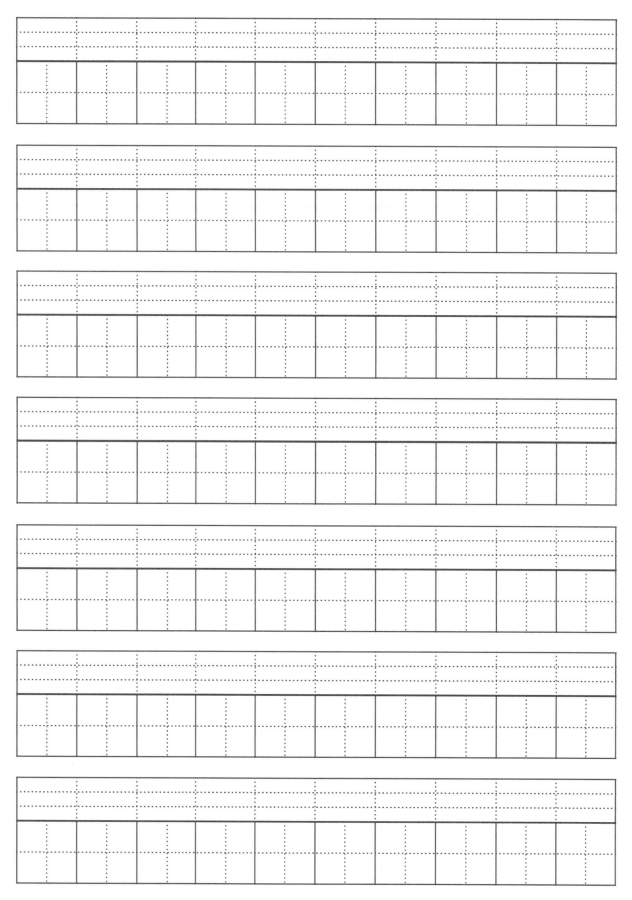

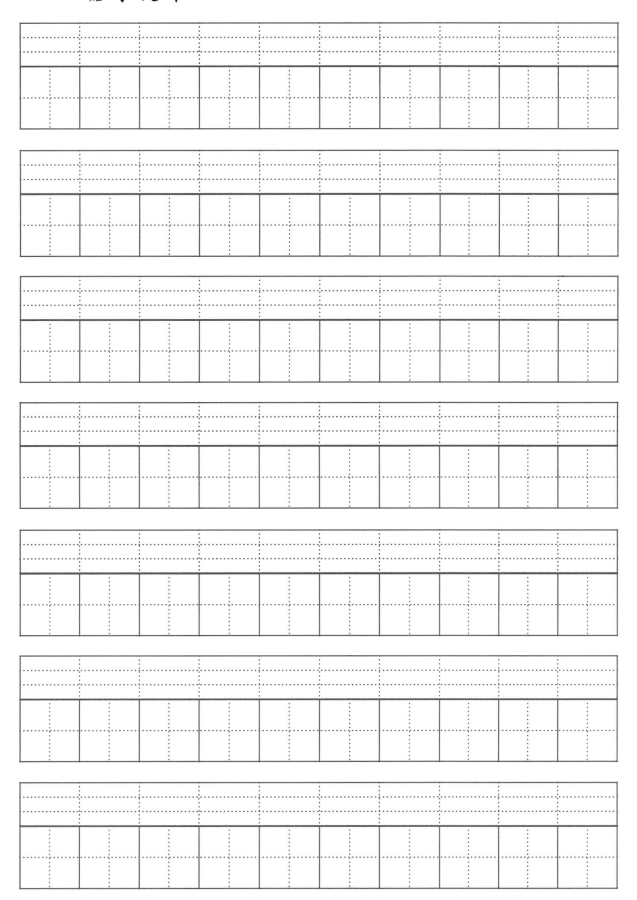

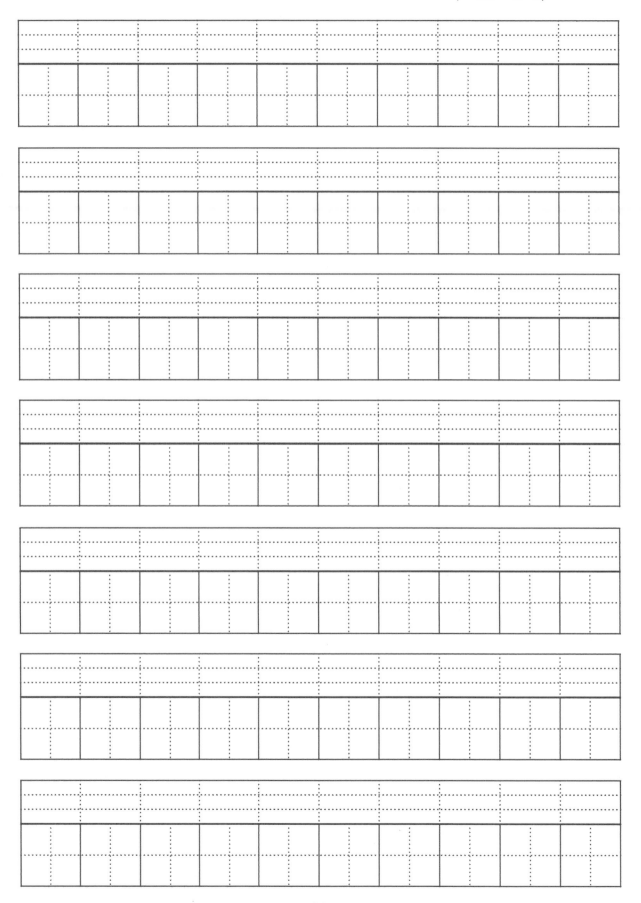

shǐ yú zú xià

始 于 足 下

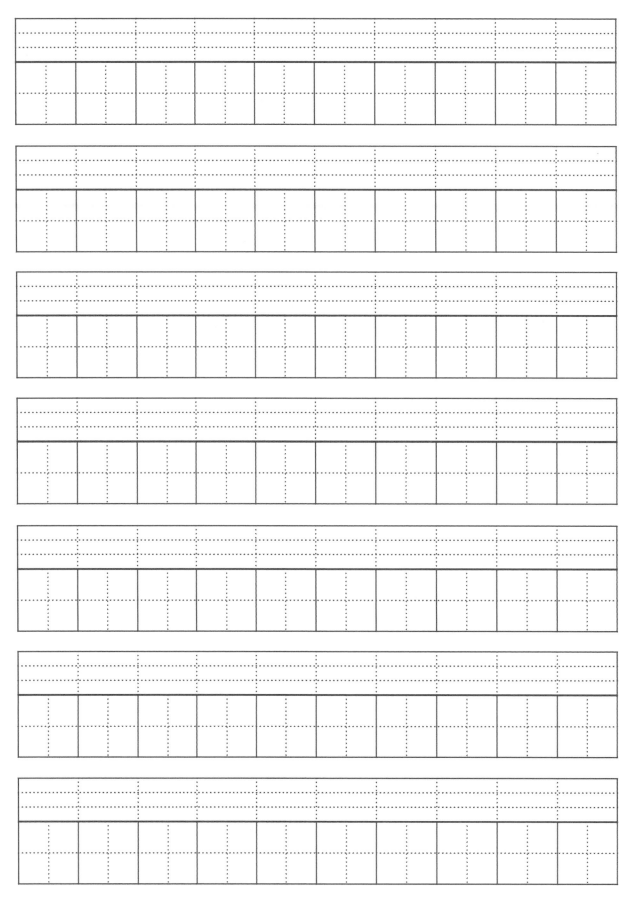

shǐ yú zú xià

始 于 足 下

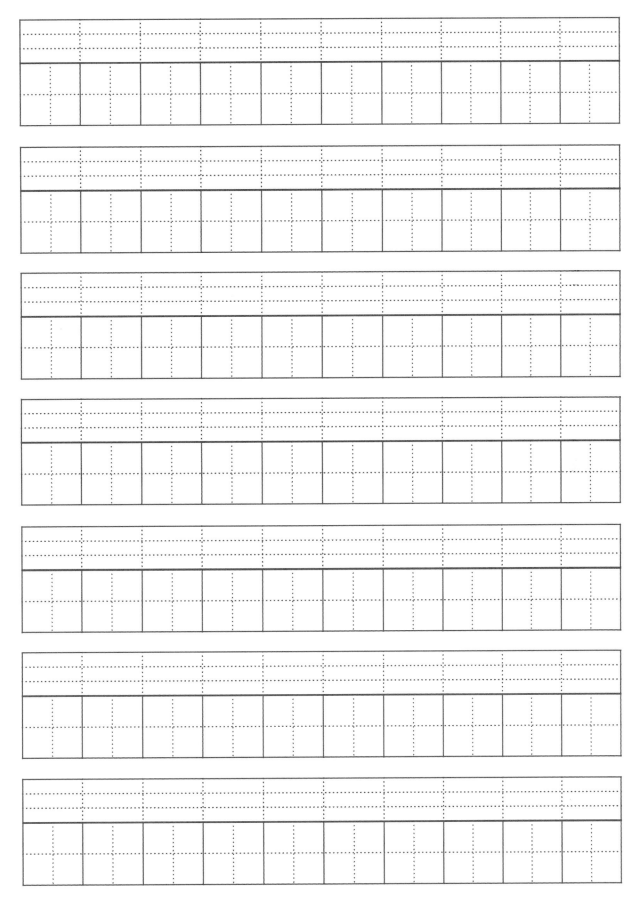

91

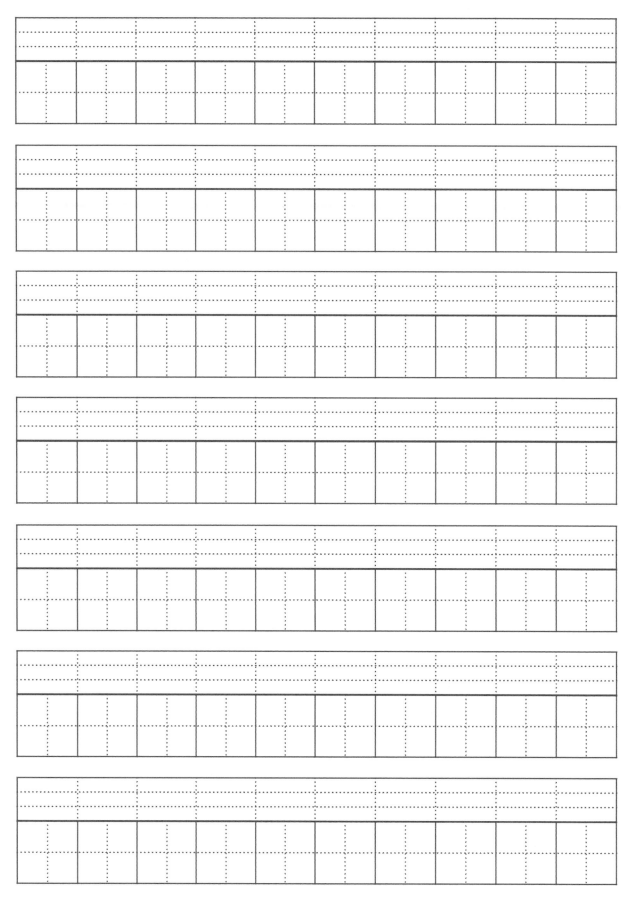

shǐ yú zú xià

始 于 足 下

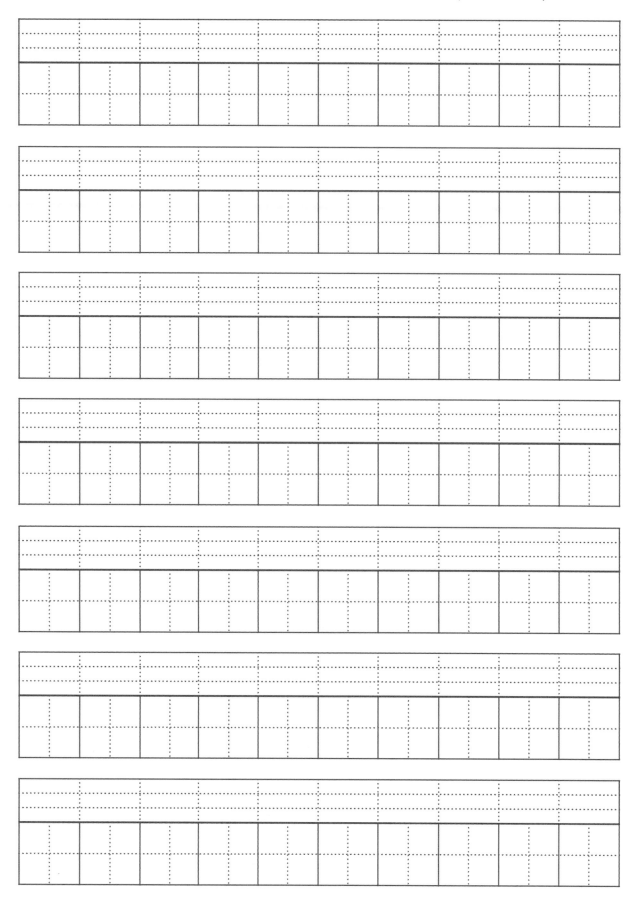

shǐ yú zú xià

始 于 足 下

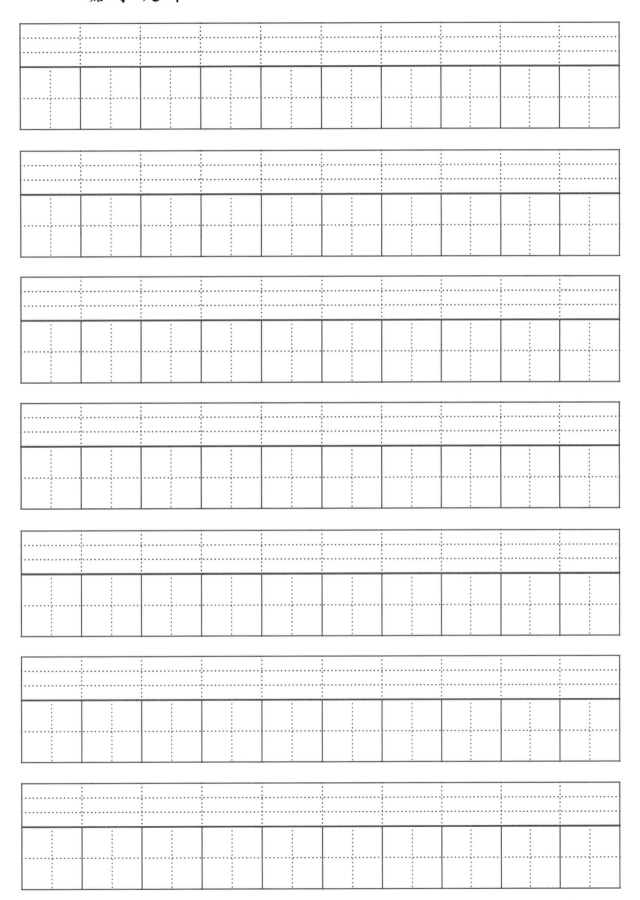

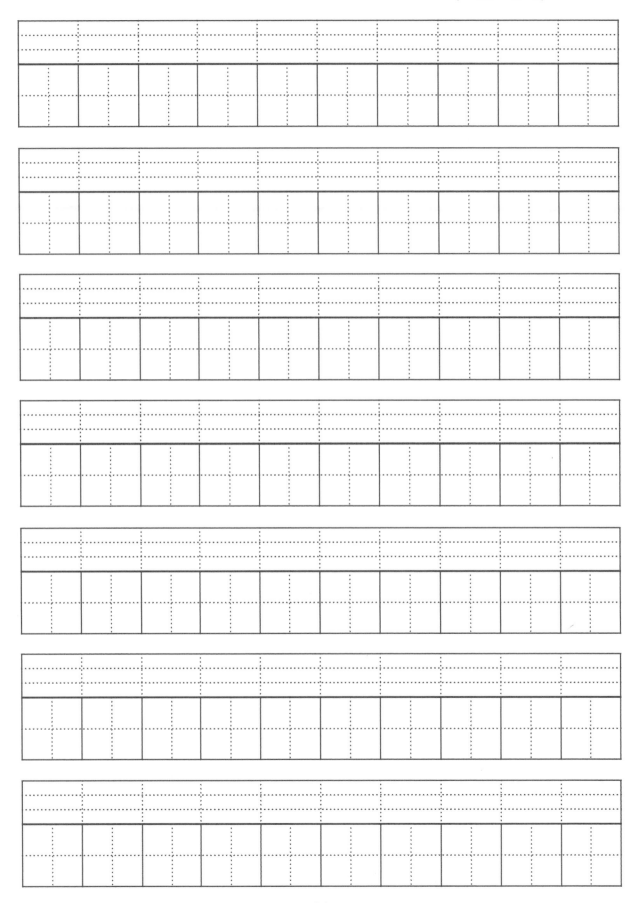

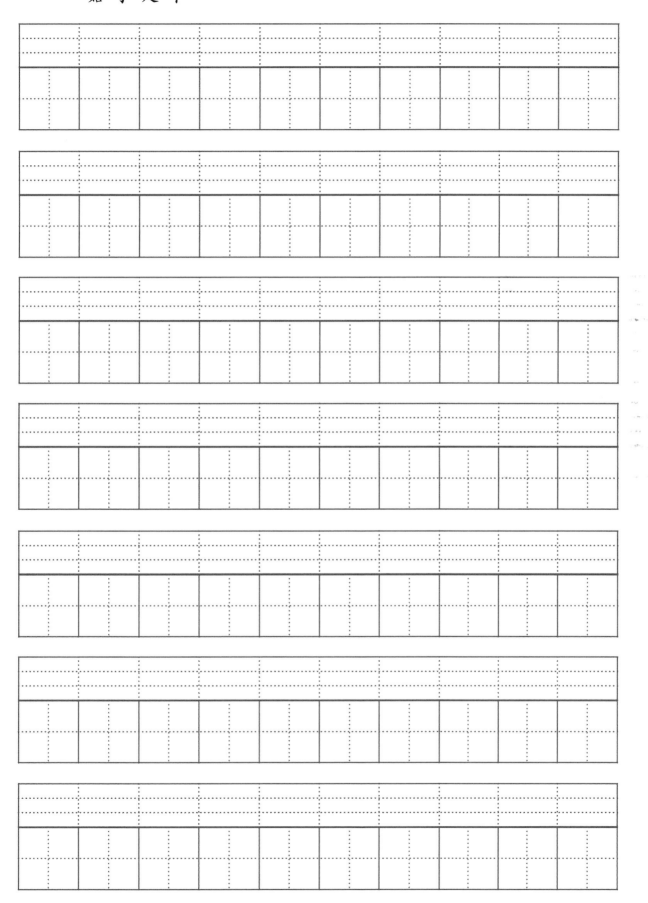

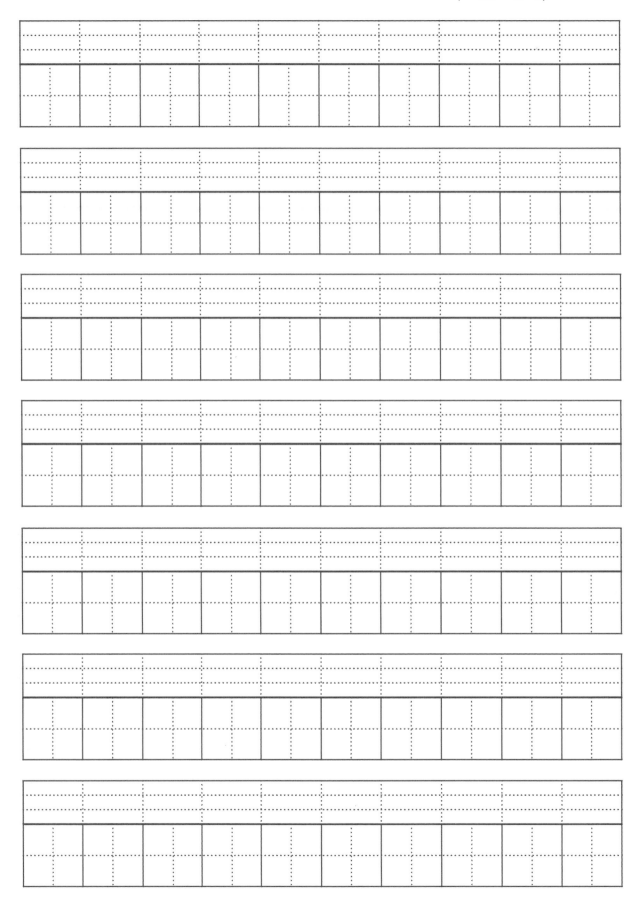

shǐ yú zú xià

始 于 足 下

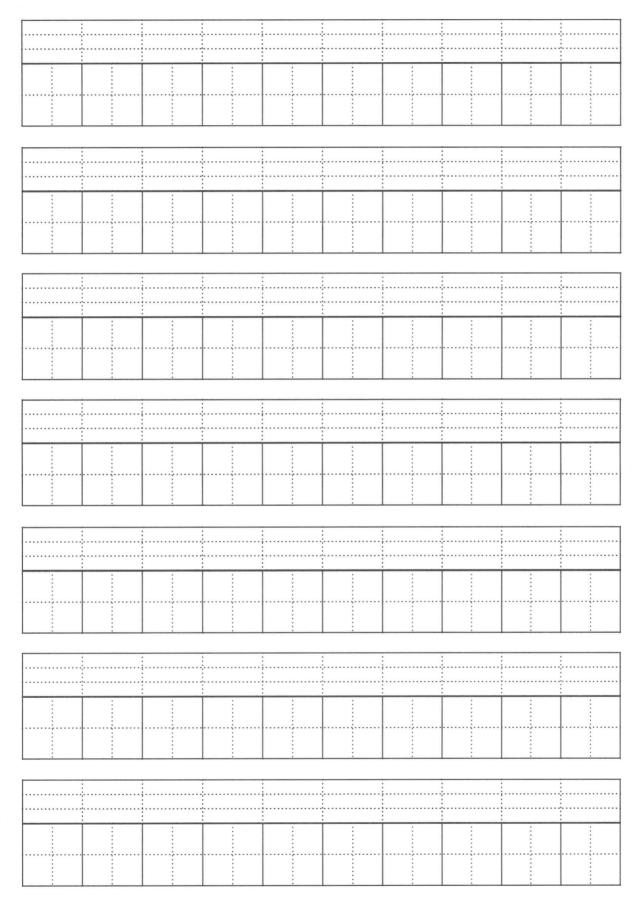

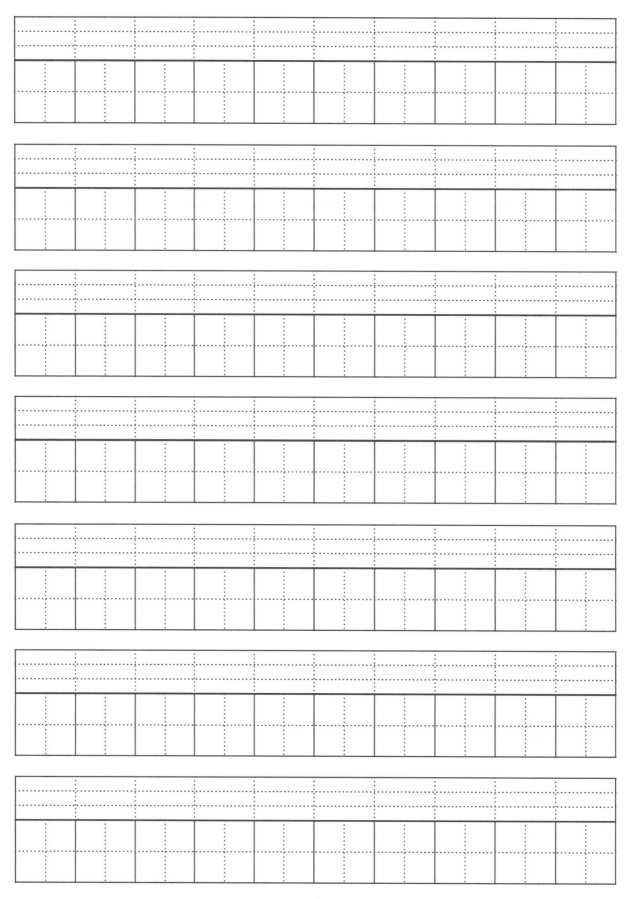

shǐ yú zú xià

始 于 足 下

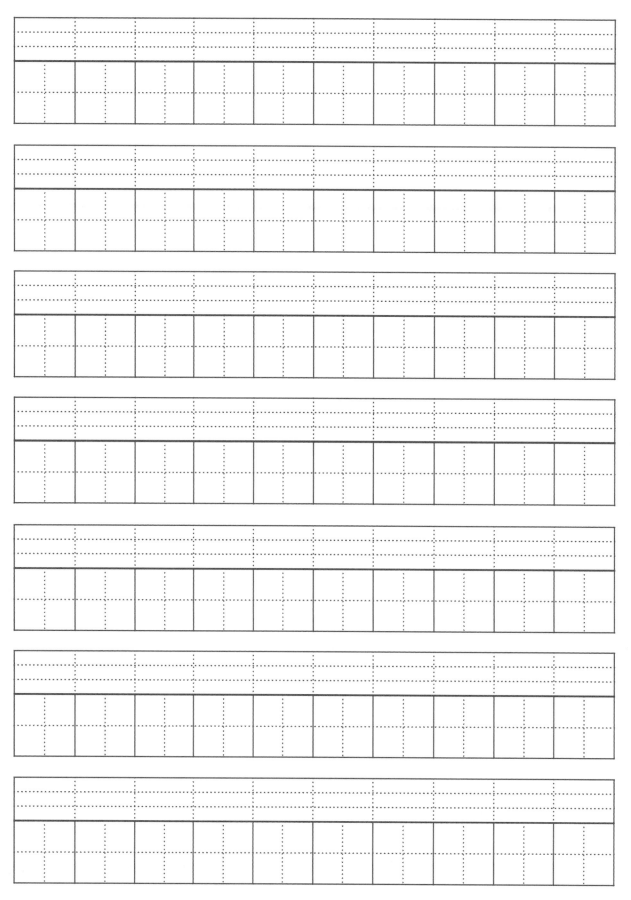

始 于 足 下

shǐ yú zú xià

103

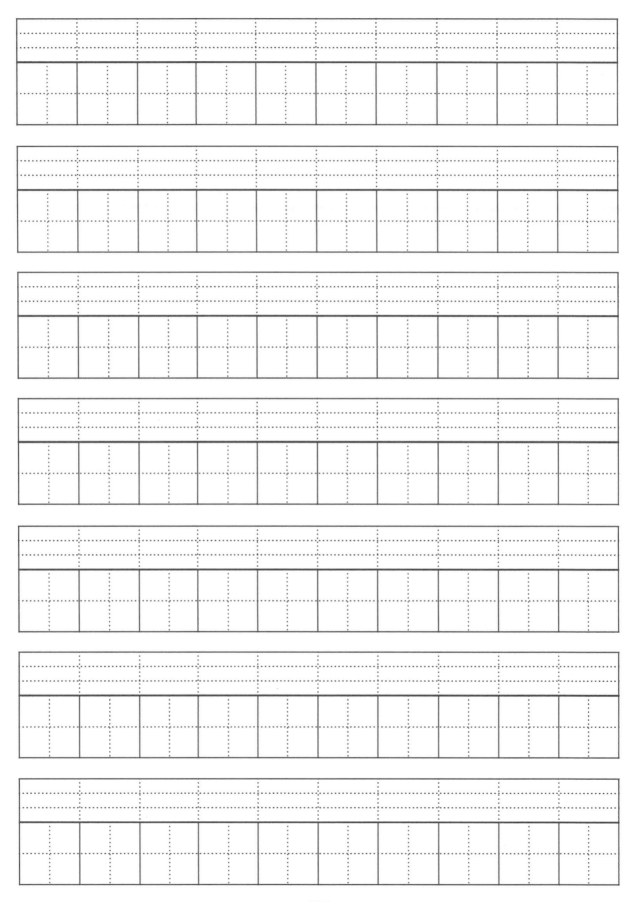

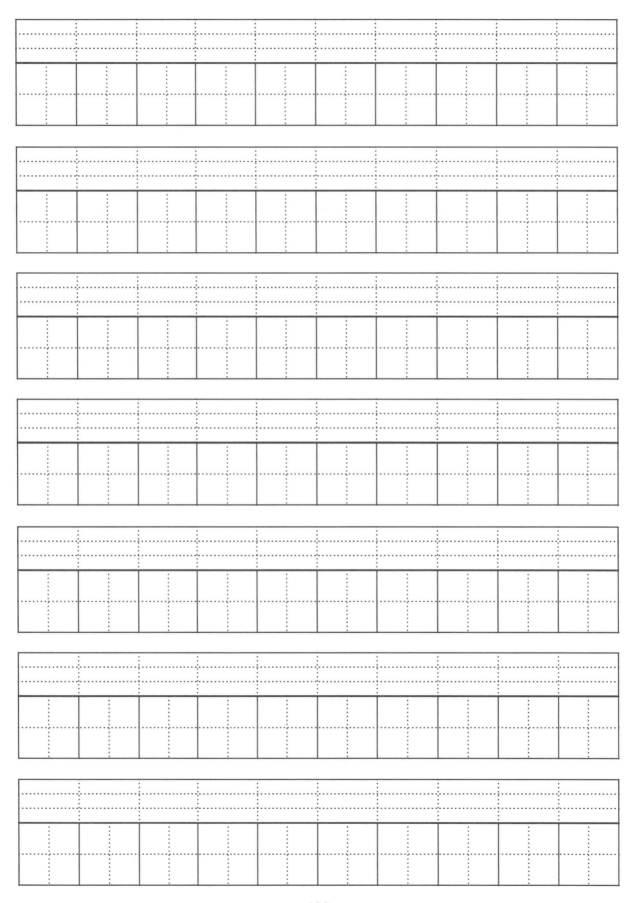

shǐ yú zú xià

始 于 足 下

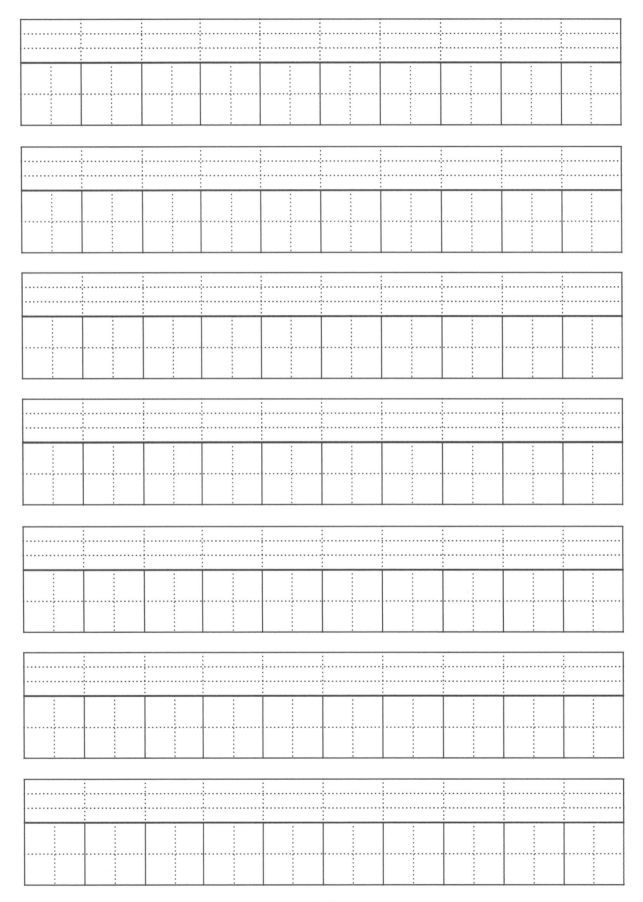

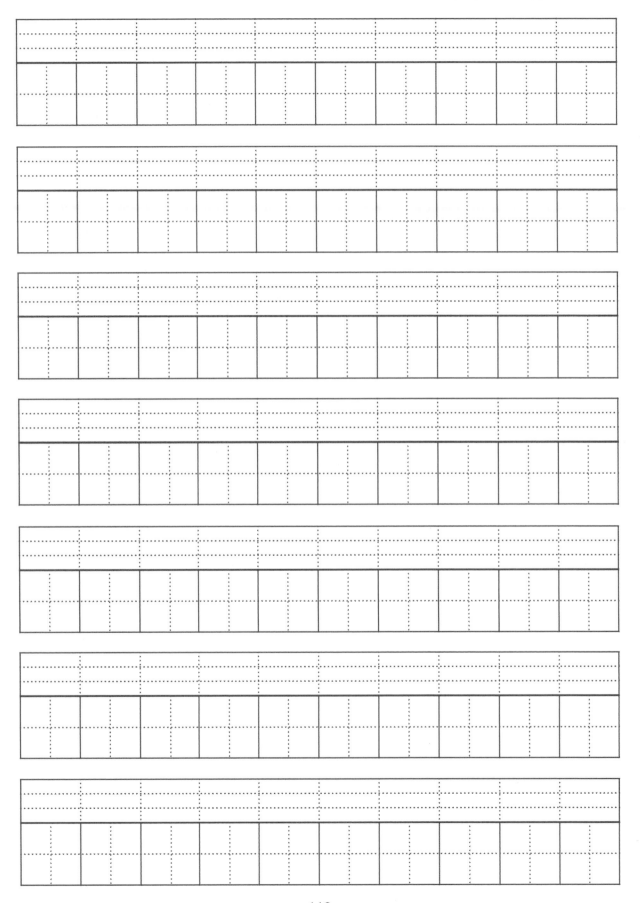

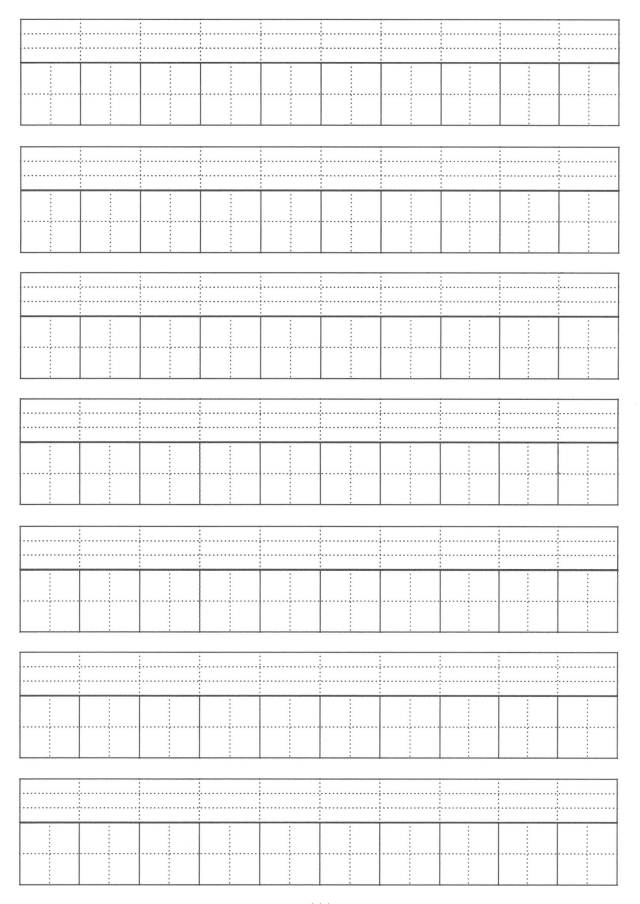

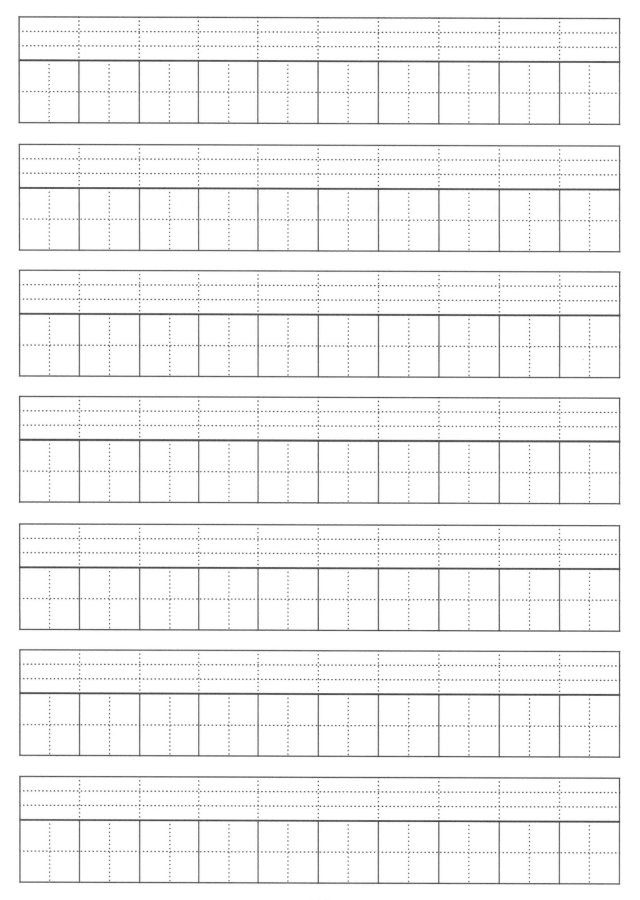

shǐ yú zú xià

始 于 足 下

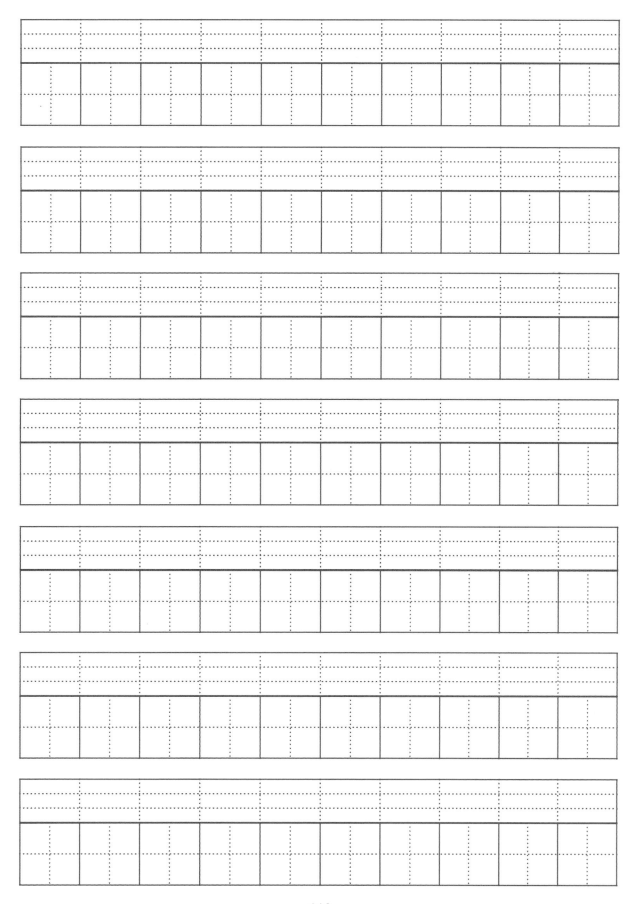

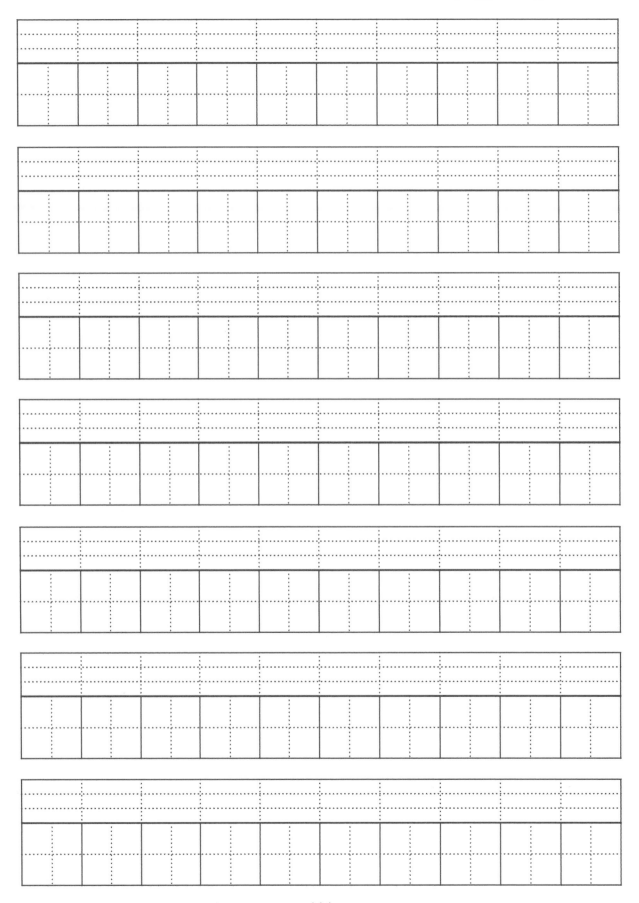

shǐ yú zú xià

始 于 足 下

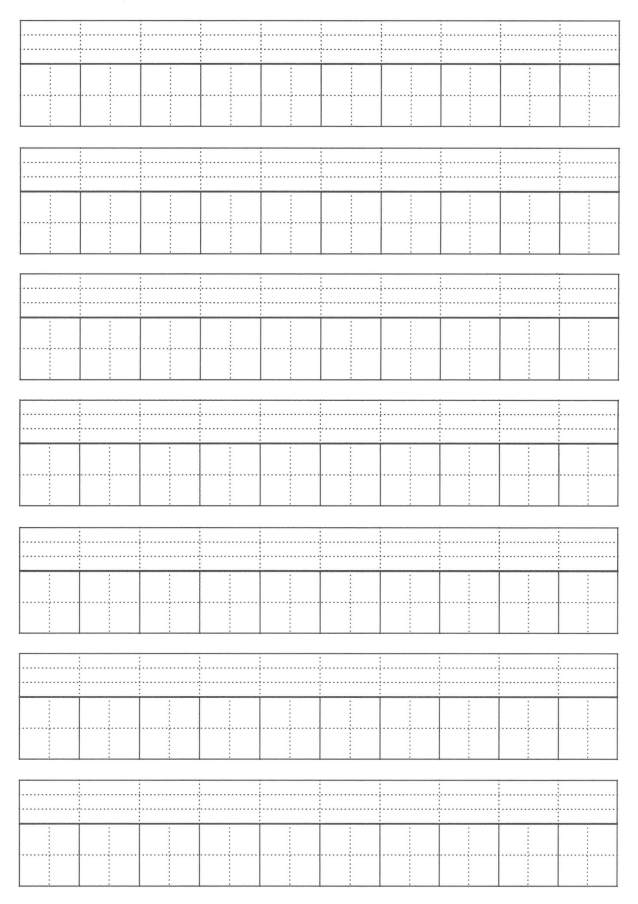

115

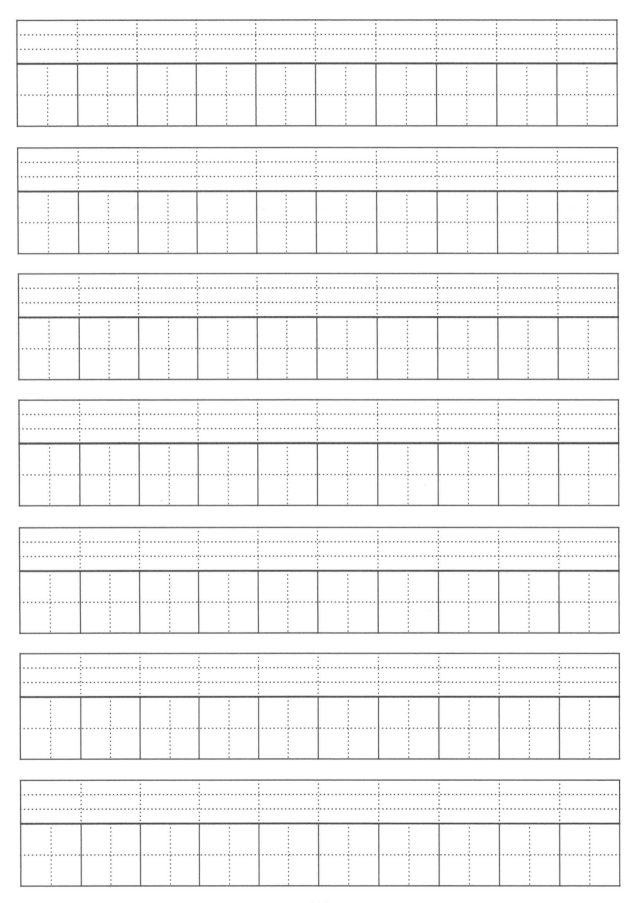

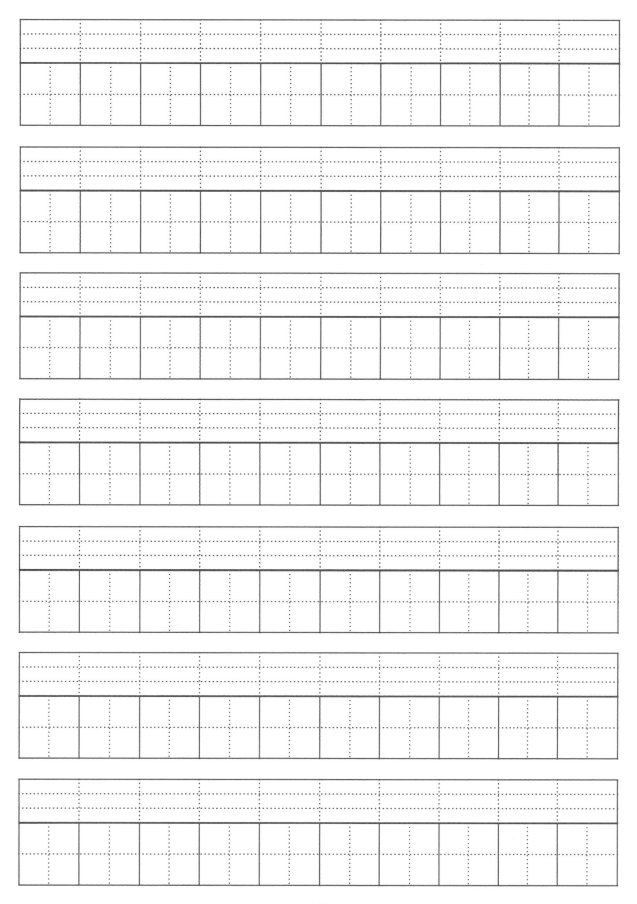

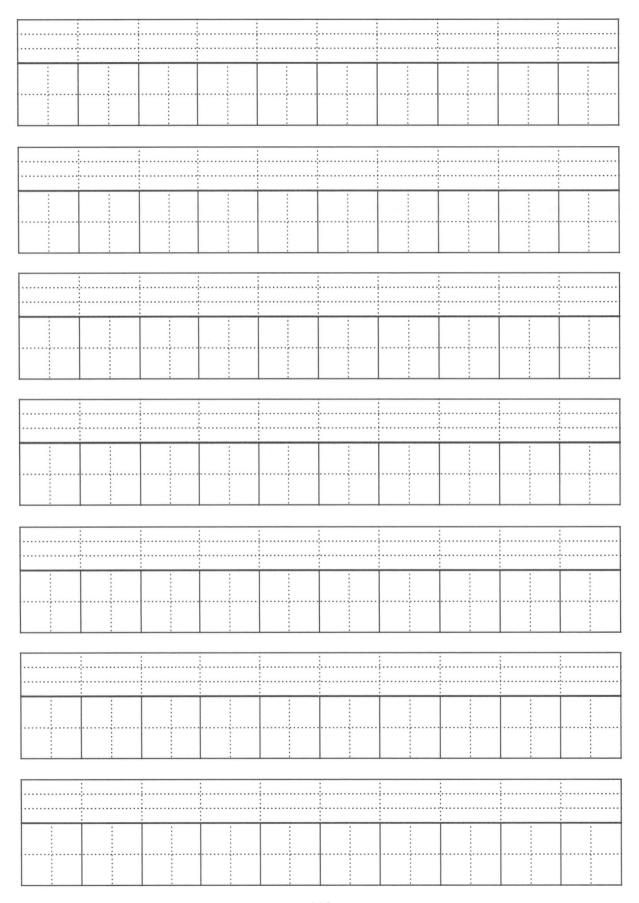

Made in the USA
Columbia, SC
12 September 2021